Ibiza

W0078033

Der Autor
Ralf Johnen

**Mit großer Faltkarte
& 80 Stickern
für die individuelle Planung**

www.polyglott.de

6 Typisch

20 Reiseplanung & Adressen

32 Land & Leute

SYMBOLE ALLGEMEIN

 Besondere Tipps der Autoren

 Specials zu besonderen Aktivitäten und Erlebnissen

 Spannende Anekdoten zum Reiseziel

⭐ Top-Highlights und

⭐ Highlights der Destination

Top-Touren & Sehenswertes

	TOUR-SYMBOLE		PREIS-SYMBOLE	
❶	Die POLYGLOTT-Touren		Hotel DZ	Restaurant
6	Stationen einer Tour	€	bis 75 EUR	bis 20 EUR
①	Hinweis auf 50 Dinge	€€	76 bis 150 EUR	21 bis 40 EUR
[A1]	Die Koordinate verweist auf	€€€	über 150 EUR	über 40 EUR
	die Platzierung in der Faltkarte			
[a1]	Platzierung Rückseite Faltkarte			

Zeichenerklärung der Karten

beschriebene Region
(Seite=Kapitelanfang)

10 **E** **h** Sehenswürdigkeiten

④ Tourenvorschlag

Autobahn
Schnellstraße
Hauptstraße
sonstige Straßen
Fußgängerzone
Eisenbahn
Staatsgrenze
Landesgrenze
Nationalparkgrenze

0   5 km

Punta de
Sa Creu

Na Xamena

Cala d'Aubarca

Illa Blanca

Can Xaneta

Cap des
Mossons

Ses Casetes

Camp
Vell
398

**Santa Eulària &
der Osten S. 130**

Ses Margalides

Santa Agnès
de Corona

Punta Roja

Sant Mateu
d'Albarca

Cap Nunó

Cas Mart

Cova de les
Fontanelles

347
Serra des
Forn Nou

Punta
Galera

Cala Salada

Can
Reconada

Sant Antoni & der Westen S. 86

Cap Negret

Stella Maris

Can Messon
de sa Torre

Illa Sa Conillera

Cala Gració

Badia de
Sant Antoni

Sant Antoni

Can
Senyora

S'Olivera

Col
d'en Lluc

Punta de
sa Torre

Ses Païsses

⑤ **⑥**

C 731

Sant Rafel
de Forca

Illa d'es Bosc

Port d'es
Torrent

Can
Portes

Es Puig

Amnesia

Cala
Comte

Cala
Bassa

Privilege

S'Espart

Puig d'es
Delfin

C 731

Cala Tarida

219
Serra
de Sindic

Sant Agustí
d'es Vedrà

Das Inland S. 104

Cala
Moli

⑦ Sant Josep
de sa Talaia

SERRA GROSSA

Ses
Fontanelles

Eivissa S. 50

475
Sa Talaia

⑧ Ses Caves
Noves

415
Puig Gros

Can Berrinola

②
④

Cala
Vedella

Can Bonet

Sant Jordi
de Ses Salines

Hipodrom
de Sant Jordi

Cala Carbó

Cova
Santa

Torre de
la Sal Rossa

Cala d'Hort

④

Mirador
Es Vedrà

Atlantis
Sa Pedrera

⑤ Es Cubells

Es Codolar

Sant
Francesc
d'Estany

Illa
Es Vedrà

Torre
del Pirata

Vista Alegre

Sa Caleta

Punta
Corb d'es
Mari

Païssa
d'en Font

Cap
Llumbi

Port Roig

Platja des
Codolar

⑥

Ses
Salines

Es Cavallet

⑦

Es
Vedranell

Cala des Cubells

Platja de
Es Cavallet
Torre de
ses Portes

Cap
Llentrisca

Cala des Jondal

Sa Canal

Platja de
Ses Salines
Punta de ses Portes

Der Süden S. 76

Cap des
Falcó

4

Top 12 Highlights

🔵**1** **Touren-Start**

Perfekte Planung
Parallel Klappe vorne links aufschlagen

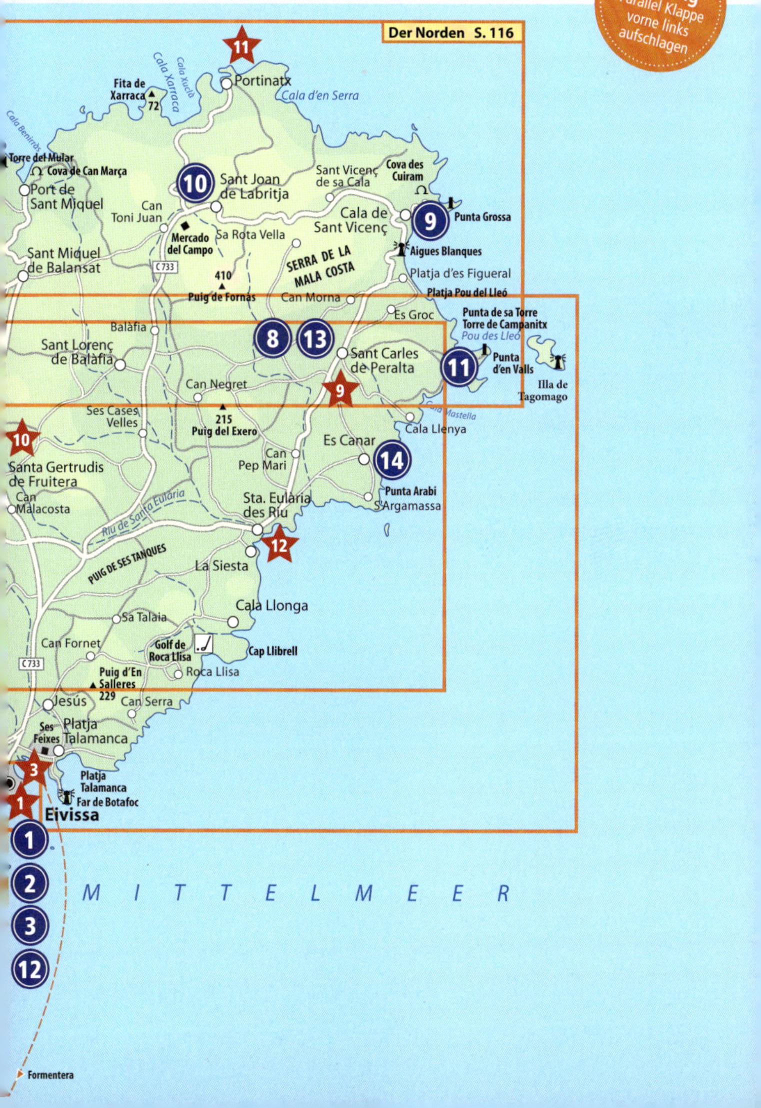

Der Norden S. 116

Fita de Xarraca 72

Cala Xarraca

Cala Xuclà

⭐**11** Portinatx

Cala d'en Serra

Cala Benirràs

Torre del Mular
♀ Cova de Can Marçà

Port de Sant Miquel

🔵**10** Sant Joan de Labritja

Sant Vicenç de sa Cala

Cova des Cuiram ♀

Can Toni Juan

Sant Miquel de Balansat

Mercado del Campo

Sa Rota Vella

C733

410 ▲
Puig de Fornàs

SERRA DE LA MALA COSTA

Cala de Sant Vicenç

🔵**9** Punta Grossa

▲ Aigues Blanques

Platja d'es Figueral

Platja Pou del Lleó

Balàfia

Sant Llorenç de Balàfia

Can Morna

Es Groc

Punta de sa Torre
Torre de Campanitx
Pou des Lleó

🔵**8** 🔵**13**

Sant Carles de Peralta

🔵**11** Punta d'en Valls

Illa de Tagomago

Can Negret

⭐**9**

215 ▲
Puig del Exero

Riu de Santa Eulària

Cala Llenya

Ses Cases Velles

🔵**10**
Santa Gertrudis de Fruitera

Can Malacosta

Can Pep Mari

Es Canar

🔵**14**

Punta Arabí
S'Argamassa

Riu de Santa Eulària

Sta. Eulària des Riu

PUIG DE SES TANQUES

⭐**12**

La Siesta

Sa Talaïa

Cala Llonga

Can Fornet

Golf de Roca Llisa

Cap Llibrell

C733

Puig d'En Salleres 220 ▲

Can Serra

Roca Llisa

Jesús

Ses Feixes

Platja Talamanca

⭐**3**
⚓
⭐**1**

Platja Talamanca
Far de Botafoc

Eivissa

🔵**1**

🔵**2**

🔵**3**

🔵**12**

M I T T E L M E E R

↙ Formentera

Glückliches Ibiza, das mit vielen traumhaften Buchten wie der Cala de Sant Vicent gesegnet ist

TYPISCH

Ibiza ist eine Reise wert!

Ibiza ist zum Niederknien schön. Wer außerhalb der Hauptsaison kommt, findet einen herrlichen Flecken Erde vor, der fast unberührt scheint. Während des Sommers kultiviert Ibiza Partyszene und Strandleben. Auch das macht Spaß – wenn man weiß, wo es langgeht.

Der Autor **Ralf Johnen** lebt in Köln, wo er als Journalist für eine Tageszeitung und eine Nachrichtenagentur gearbeitet hat. Mittlerweile hat er sich als Buchautor, Fotograf und Blogger (www.boarding completed.me) selbstständig gemacht. Die iberische Halbinsel hält er für die freieste und lebensfreudigste Region des Planeten. Über Ibiza sagt er: »Gäbe es die Insel nicht, müsste man sie erfinden.« Vor allem in der Vorsaison.

Es fällt leicht, Ibiza nicht zu beachten. Die größten Klubs der Welt, ausschweifende Partys, überfüllte Strände und die Jachten der Celebrities. Wer braucht das schon?

Streng genommen habe ich Ibiza sogar noch ignoriert, nachdem ich das erste Mal dort gewesen war. Ein Urlaub während der Semesterferien – der auch in jeder anderen Partyhochburg hätte stattfinden können. Außer dem Strand, den Tresen und den Tanzflächen hatte ich nicht viel von der Insel gesehen. Nicht einmal Dalt Vila, die herzzerreißend schöne Altstadt von Eivissa, hatte ich mir aus der Nähe angeschaut.

Nach meiner Premiere habe ich Ibiza also nicht weiter vermisst. Erst später ist bei mir als Großstädter das Bedürfnis nach Erholung auf dem Lande schlagartig gestiegen. Während der Suche nach einem potenziellen Urlaubsziel für meine Frau und mich sind mir die Agroturismos auf Ibiza aufgefallen. Äußerst charmant, dachte ich. Auch die satten Blautöne und die schroffen Küsten der Balearen, denen ich wegen der allgegenwärtigen Postkarten und Kataloge schon als Kind ein wenig überdrüssig war, schienen mir plötzlich sehr reizvoll.

Kaum auf Ibiza angekommen, waren wir überzeugt, mit der winzigen Insel die richtige Wahl getroffen zu haben. Der wolkenlose Himmel, die changierenden Farbtöne des Mittelmeers, die Kraft der Aprilsonne, ja überhaupt dieses sensationelle Wetter. Warum habe ich nicht schon immer jeden Urlaub hier verbracht?

Bei den Recherchen für dieses Buch hatte ich nun Gelegenheit, so lange wie nie zuvor auf der Insel zu verweilen – und jeden interessanten Winkel genau zu inspizieren. Um es

Bei der Hafeneinfahrt nach Eivissa grüßt Dalt Vila die Ibizaurlauber

Ibiza-Sounds wecken Erinnerungen an jene Zeiten, als das Klubleben ein fester Bestandteil meines Daseins war. Und, hach, warum soll ich nicht noch einmal ins Pacha gehen, um die steifen Hüftknochen auf die Probe zu stellen?

Die Badebuchten machen unterdessen im April und im Mai einen verwaisten Eindruck. Selbst in geschützten *calas* kann ich nahezu alleine schnorcheln. Zu den Merkwürdigkeiten der Insel gehört auch, dass die Saison kürzer als die eines deutschen Badesees ist. Was jedoch die Touristiker zur Verzweiflung bringt, ist gut für Individualisten: Weil die Flugverbindungen von Oktober bis Juni spärlich sind, gehört das Eiland dann den Einheimischen und fest entschlossenen Fans.

So eignet sich die Nebensaison perfekt, um in einer umgebauten Finca Erholung zu finden. Von den Agroturismos existieren mittlerweile über 40 Stück. Einige befin-

vorwegzunehmen: Der Zauber war auf Anhieb wieder da. Das mittelalterliche Dalt Vila kann es mit jeder historischen Stadt auf dem Festland locker aufnehmen. Was ist es für ein Vergnügen, durch die Gassen den Berg hinaufzusteigen und danach bis in die frühen Nachtstunden draußen zu sitzen, sich an *jamon* (Schinken) oder Oliven zu laben und den aktuellen Weißweinjahrgang zu verkosten.

Nicht weniger begeistert bin ich, als ich am nächsten Vormittag binnen 45 Minuten die Insel überquere, um von Portinatx über die Felsenklippen zum Leuchtturm zu wandern. Der Wind peitscht die Wellen meterhoch gegen die überraschend raue Küste. Hinter den Segelbötchen zeichnen sich am Horizont die Umrisse Mallorcas ab.

Später schalte ich dann gut gelaunt im Autoradio den Inselsender Sonica FM ein. Die neuesten Spielarten des typischen

Der Faro des Moscarter weist den Weg zu Wasser und Strand

Unermüdlich bearbeiten die Wellen die Felsklippen bei Portinatx

den sich in abgelegenen Talkesseln ohne jedes Streulicht. So erwische ich mich in sternenklaren Nächten mit Blick auf die Milchstraße ein ums andere Mal bei philosophischen Gesprächen.

Sie handeln auch von George Clooney, Paris Hilton, Cristiano Ronaldo und all den anderen Berühmtheiten, die Ibiza in den vergangenen Jahren zum mediterranen Promitreffpunkt Nummer eins gemacht haben. Das ist den Hoteliers und Gastronomen nicht entgangen, die nun scharenweise exklusive Häuser auf der Insel eröffnen – inklusive dem Hard Rock Hotel mit Suitenpreisen von bis zu 10 000 Euro pro Nacht und dem Sublimotion als dem vermeintlich teuersten Restaurant der Welt.

Diese Form der Dekadenz erinnert schmerzhaft daran, dass die Trauminsel durchaus ihre Probleme hat. Wenn im Hochsommer Hunderttausende einfallen, scheint die Kapazitätsgrenze weit überschritten. Die Staus auf den Straßen von Eivissa und nach Santa Eulària nehmen beängstigende Ausmaße an. Die Badebuchten sind überfüllt. Attraktionen wie der Hippiemarkt Las Dalias oder das Trommelritual in der Cala Benirràs sind absurd überlaufen. Das Trinkwasser wird knapp. Und das Partyleben ist mancherorts derart enthemmt, dass zum Beispiel die Verwaltung von Sant Antoni den öffentlichen Konsum alkoholischer Getränke verbietet.

Doch es gibt ja noch das andere Ibiza. Eine abgeschiedene und ruhige Insel mit einer überwältigenden Farbpalette. Mit einer einmaligen Hauptstadt. Mit freundlichen Menschen und, auch das darf in Zeiten wachsender Schnoddrigkeit erwähnt werden, mit hervorragendem Personal. Es ist dieses Ibiza, das ich nicht mehr ignorieren kann. Und das ich immer wieder vermisse, wenn ich daheim aus dem Fenster in den grauen Himmel blicke.

Das S'Escalinata in Dalt Vila lädt zur Pause

Reisebarometer

Was macht Ibiza so besonders? Die Baleareninsel ist nicht groß, aber ausgesprochen vielseitig. Ibiza hat für jeden etwas zu bieten und wird allseits geschätzt: Vom Pauschalurlauber bis zum Star fühlt sich hier jeder wohl.

Vielfältige Landschaft
Abgeschiedene Buchten, steile Küsten und sanfte Hügel

Sportliche Aktivitäten
Auf, in, am Wasser sowie Wandern und Mountainbiken

Kulinarische Abwechslung
Authentische Regionalküche, frisches Seafood und exklusive Restaurants

Kunst und Kultur
Erbe der Phönizier, Mauren und Römer, Wehrkirchen und ein eigener Sound

Geeignet für Strandurlaub
Fast 50 Buchten und beständig schönes Wetter

Spaß für Kinder
Boote, Badespaß und Minigolf

Abenteuerlust und Entdeckergeist
Unbekanntes fernab der ausgetretenen Pfade

Shoppingangebot
Feine Boutiquen, Klubfashion und Hippiemärkte

Reiche Flora
Pinien, Rosmarin, Wacholder, Mandel- und Zitrusbäume

Preis-Leistungs-Verhältnis
Saisonabhängig, Individualurlaub ist nicht billig

● = gut   ●●●●● = übertrifft alle Erwartungen

50 Dinge, die Sie …

Hier wird entdeckt, probiert, gestaunt, Urlaubserinnerungen werden gesammelt und Fettnäpfe clever umgangen. Diese Tipps machen Lust auf mehr und lassen Sie die ganz typischen Seiten erleben. Viel Spaß dabei!

… erleben sollten

(1) SUP-Tour in der Cala Vedella
Einen völlig neuen Blick auf das azurblaue Wasser der Bucht › **S. 99** gewährt Stand-up-Paddling: Wer neben dem Paddel mit einem guten Gleichgewichtssinn ausgestattet ist, erntet anerkennende Blicke vom Festland. Sup Boat Ibiza [C2] bietet geführte SUP-Touren samt Board (Sant Antoni, Platja Arenal, http://supboatibiza.com, ab 45 €).

(2) Kanuausflug nach Tagomago
Die Privatinsel › **S. 143** wird gern von Celebrities gemietet. Eine geführte Kanutour von Cala Sant Vicent › **S. 121** aus bietet Einblicke und mit 5 Stunden eine gute Sporteinheit (100 €/4 Pers., Active Ibiza, Tel. 680 504 351, www.activeibiza.com).

(3) Per Rad von Bucht zu Bucht
Östlich von Santa Eulària reihen sich 13 Badebuchten aneinander. Grüngelbe Schilder weisen Radlern den Weg über Es Canar, Cala Nova, Cala Llenya, Cala Mastella, Cala Boix und Pou des Lleó. Mit 32 km Länge und 150 Höhenmetern sowohl Training als auch Genuss. Räder vermietet Kandani [E2] (Carrer César Puget Riquer 27, Santa Eulària, www.kandani.es, ab 17 €/Tag).

(4) Fahrt mit der »Ente« Wie in Hippiezeiten durch die Kurven schaukeln, mit harter Kupplung arbeiten und dabei eine extrem gute Figur abgeben: Kein Problem mit der 2CV-Vermietung Ducks United [E1], hinter der sich übrigens ein karitatives Projekt verbirgt (Buchung: Tel. 06 24 47 13 75, www.ducksunited.com, ab 153 €).

(5) Yoga in der Morgensonne Auf den Klippen mit Meerblick das körperliche Wohlbefinden zu steigern gehört zum Portfolio des Beachklubs Amante › **S. 139**. Im Anschluss können sich die Teilnehmer an einem leichten Frühstück erfreuen.

(6) Schnuppertauchen Ibiza gilt, auch dank der Neptungraswiesen, als eines der besten Tauchreviere Europas. Scubaibiza [D3] bietet Unterwasserausflüge mit Tauch-, aber auch Schnorchelequipment (Marina Botafoch 101–102, Eivissa, http://scubaibiza.com, ab 31 €).

(7) Wellnesstag Sauna, Dampfbad, im Schatten ein Nickerchen, danach im schmalsten und längsten Pool der Insel ein paar Bahnen ziehen. Mit Stil ermöglicht dies alles der Spa des abgeschiedenen Landhotels Atzaró › **S. 109** (ab 45 €).

Eine Insel lässt sich am besten von der Wasserseite aus erkunden

⑧ **Rave in einer Höhle** Neben all den Klubs bietet die Partyinsel Ibiza auch eine »Rave Cave«. Etwa 200 m südwestlich der Cala Escondida [C4] legen DJs in ausgesuchten Nächten auf. Die Termine dafür werden kurzfristig per Mund-zu-Mund-Propaganda bekanntgegeben.

⑨ **Konzert am Pool** Klar, für Partys taugt Ibiza. Aber für Konzerte? Sicher! Ibiza Rocks › S. 97 heißt *die* Adresse. Da spielen LCD Soundsystem oder die Kaiser Chiefs – und inmitten des Areals wartet ein Pool.

⑩ **Joggen am Strand** Ebenen gehören zum Leidwesen von Läufern nicht zu Ibizas Vorzügen. Platja de Ses Salines › S. 84 bildet eine herrliche Ausnahme: Über Sandpfade geht es durch lichte Pinienwälder zu einem Inselvorsprung und zurück.

⑪ **Sprung ins Meer** Man muss beim Cliff Diving nicht gleich von 10 m hohen Klippen ins Wasser springen. Gewusst wie und wo ist es kinderleicht, z. B. mit den Jungs von

Rockid [D3] (2 Std. mit Ausrüstung ab 70 €, Av. Matutes Noguera 64, Eivissa, www.cliffdivingibiza.com).

⑫ **Kochkurs mit Aussicht** Der deutsche Koch Sven Heinrich weiht Interessenten in die Geheimnisse der ibizenkischen Küche ein. Diniert wird unter Palmen mit Blick auf Es Vedrà (Calador [B3], Camí Cala Carbó, Sant Josep, 99 €/Pers., www.piraten-kochen.de).

… probieren sollten

⑬ **Roter Ibizkus** Das Premiumweingut der Insel erzeugt diesen wunderbar schweren Rotwein aus Monastrell-Trauben, der bis zu zwölf Monate in französischer Eiche reift (Plaisir Foie Gras, › S. 73).

⑭ **Bullit de Peix** Der Fischeintopf aus Zackenbarsch, Kartoffeln, Artischocken, Zwiebeln, Tomaten und Paprika gehört zu den Klassikern. Ihre gelbliche Farbe verdankt die schmackhafte Komposition dem Safran (Cana Sofia, › S. 99).

15 Jamon Iberico Nirgendwo wird das *Bocadillo* (Sandwich) mit feinem Schinken authentischer zelebriert als in der Bar Costa › S. 112 in Santa Gertrudis, wo Hunderte Schinken von der Decke baumeln.

16 Greixonera Köstliche Melange aus Brot und Pudding. Einst als Resteessen für arme Leute verschrien, heute als Inselspezialität geschätzt, z. B. im Restaurant Can Berri Vell › S. 101 in Sant Agustí.

17 Sobrasada Mallorca und Ibiza streiten um die Urheberschaft der leckeren Streichwurst, die neben Fleisch vom iberischen Schwein auch Paprika enthält. Im Restaurant Can Cires › S. 126 wird die Delikatesse selbst gemacht – ist also zweifelsfrei ibizenkischer Herkunft.

18 Craft-Bier Ibosim Ein besonderes, inseltypisches Geschmackserlebnis ist das Rosmarinbier der Mikrobrauerei Ibosim › S. 97.

19 Sofrit Pagès Einst ein Weihnachtsgericht, heute Bauerneintopf, bleibt die fleischlastige Komposition ein Klassiker der Inselküche. Bei Es Pins an der Restaurantstraße › S. 110 kann man das Gericht probieren (Ctra. de Sant Joan km 14,8).

20 Marmelade Viele der Agroturismos rühmen sich, aus ihren Zitrusfrüchten eigene Marmelade einzukochen. Die Produkte der kleinen Manufaktur Can Malacosta führt der unabhängige Supermarkt Es Cuco › S. 97 (www.can-malacosta. com).

21 Flaó Der Käsekuchen aus Schafs- oder Ziegenmilch mit Minze wurde auf Ibiza ursprünglich zu Ostern serviert. Eine schmackhafte Bioversion bietet die Finca Can Muson [E2] (Ctra. Santa Eulària km 11, bei Cala Llonga, Santa Eulària).

22 Kräuterlikör Hierbas Als krönender Abschluss jeder Mahlzeit gilt ein Gläschen anishaltigen Kräuterlikörs. *Hierbas Ibicencas* sind aromatisch, sanft und bernsteinfarben. Man kann sich im Supermercado Toni › S. 138 damit versorgen.

… bestaunen sollten

23 Erhabene Abgeschiedenheit Die winzige Siedlung Balàfia bei Sant Llorenç › S. 109 ist nur über einen Feldweg erreichbar, drei trutzige Türme wachen über die wenigen Häuser und das Umland. Ein Augenschmaus fernab der Zivilisation!

24 Mallorca aus der Ferne Die Pityusen liegen geografisch etwas isoliert. Bei klarer Sicht aber ist vom Wehrturm Torre des Molar bei Port de Sant Miquel › S. 125 am Horizont die bergige Silhouette des 80 km entfernten Mallorca zu erkennen.

25 Wertvolles Nass Wasser ist kostbar auf den Balearen. Umso erfreulicher ist der Anblick der ergiebigen Quelle Es Broll de Buscatell [C2], die das gleichnamige Tal zu einer der fruchtbarsten Regionen Ibizas macht.

26 Sternenhimmel ohne Streulicht Im einsamen Inselinnern kann sich die Dunkelheit voll ausbreiten, wie im Talkessel beim Agroturismo Can Martí › **S. 122.** Der Blick auf die Milchstraße und Tausende Himmelskörper ist überwältigend.

27 Vielschichtige Geschichte Die Grabungsstätte Sa Capelleta [D3] in Dalt Vila gewährt durch Glasplatten einen schnellen Überblick über Ibizas Siedlungsgeschichte: vom punischen Schrein über ein römisches Grab bis zu maurischen Mauern.

28 Das teuerste Restaurant der Welt Schon der Blick auf die Speisekarte und das Publikum ist atemberaubend. Für 1500 Euro serviert das Sublimotion › **S. 68** ein Menü für alle fünf Sinne. Zum Essen gibt es Virtual-Reality-Szenen und doppelt so viel Personal wie Gäste.

29 Aquarium Cap Blanc Dieses Aquarium [C2] befindet sich teils in einer zum Meer hin offenen Höhle. Hier fühlen sich u. a. Plattfische und Rochen wohl. Ihr Auftritt wird zuweilen von klassischer Musik orchestriert (Ctra. Cala Gració, Tel. 663 94 54 75, www.aquariumcapblanc.com, Erw. 5 €, Kinder 3 €).

30 Bunte Hunde Die inseltypische schlanke Hunderasse *Podenco Ibi-*

Der Podenco Ibicenco ist modeltauglich

cenco wird weltweit geschätzt. Seit 2016 stehen in Santa Eulària › **S. 132** zehn 1,70 m hohe Skulpturen, geschaffen von Andreu Moreno, bemalt von internationalen Künstlern.

31 Morgendliches Panoptikum Ein skuriller Genuss für Frühaufsteher am Wochenende: An der Marina Botafoch › **S. 66** begegnen Jogger gestylten High-Heels-Trägerinnen, die gerade das Pacha verlassen haben, und Millionären, die mit ihren Jachten in See stechen möchten.

32 Kontemplative Höhle Die unterirdische Kapelle Cova Santa Agnès [C2] wurde laut Legende von einem Matrosen eingerichtet, den die hl. Agnes im Jahr 1300 aus Seenot gerettet hatte (Ctra. Sant Antoni–Santa Agnès km 0,5, Mo–Fr 9.30 bis 13.30 Uhr).

33 Nachhaltigkeit Die gemeinnützige Organisation La Casita Verde [C3] betreibt westlich von Sant Rafel eine Finca mit ökologischer Landwirtschaft und alternativen

Energien. Der Hit: die Gebäude aus Recyclingmaterialien (www.green heartofibiza.org, So 14–19 Uhr).

34 Fruchtbarkeitsgöttin Zu den über 2500 Jahre alten Schätzen der Insel gehören die mit Liebe zum Detail fein gearbeiteten Terrakottastatuetten der punischen Fruchtbarkeitsgöttin Tanit im Archäologischen Museum in Eivissa › **S. 59**.

… mit nach Hause bringen sollen

35 Ibiza-Sound Den inseleigenen Sound muss man natürlich in die eigenen vier Wände importieren. Am besten analog auf Vinyl, notfalls auf CD. Aber Discos Delta › **S. 72** in Eivissa verkauft sogar Kassetten (ab 15 €).

36 Dose Olivenöl Olivenöl speichert die Kraft der südlichen Sonne und den Charakter des Terroirs. Als

Eine Prise Urlaub für zu Hause

Mitbringsel eignet sich das vorzügliche Inselöl, abgefüllt in robuste Dosen, bestens (Can Miquel Guasch [E2], Ctra. Eivissa–Portinatx km 9,8, Santa Eulària, www.canmi quelguasch.com, ab 12 €).

37 Hippiedevotionalien Ein alter VW-Bulli symbolisiert mehr als bunte Batiktücher das Ibizagefühl von einst und jetzt, gehört also z. B. als Pop-Art-Poster bei der Heimreise in den Koffer (Hippymarkt Punta Arabi › **S. 139**, ab 20 €).

38 Ibiza-Fashion Endlose Sommer und Hippiemode haben ihre Spuren auf der Insel hinterlassen: Frauen wählen schneeweiße Tops mit feinen Ornamenten, der sportliche Herr greift zum kragenlosen weißen Hemd (Boutique Amanecer [D3], Plaça de la Tertulia, Eivissa, Mo–So 10–20 Uhr, ab 20 €).

39 Geflochtene Taschen Must-Have der Frau am ibizenkischen Strand ist eine handgeflochtene Tasche. Und die *Capazos* machen sich auch im heimischen Freibad sehr gut (z. B. Hippiemarkt Las Dalias › **S. 107**, Original ca. 50 €).

40 Edelsalz Gewürze verleihen den Produkten der Firma Sal de Ibiza [E2] das gewisse Etwas. Am besten mundet das Salz in feuriger Verbindung mit Chili (Crta. Eivissa–Santa Eulària, km 3,4, Mo–So 10–21 Uhr, ab 7 €).

41 DC-10-Andenken Als Andenken an eine ausufernde Nacht im

Klub DC-10 › **S. 82** eignet sich ein Basketballshirt oder ein kleines Schwarzes mit dem markanten, ans ehrwürdige Flugzeug erinnernden Schriftzug (Flagship-Store: Passeig Vara del Rey 10, Eivissa, ab 30 €).

(42) **Ibizas Duft** Unter dem Namen Hierbas de Ibiza (www.hierbasdeibiza.com) firmiert eine kleine Kosmetiklinie, die mit regionalen Zutaten den Inselduft konserviert, z.B. in Lotions (Malibu Boutique [D3], Marina Botafoch, Eivissa, ab 18 €).

… bleiben lassen sollen

(43) **Mit dem Auto in beliebte Buchten** In der Hauptsaison und zu speziellen Events ist der Andrang in Ibizas Buchten oft groß. Die Folge: Nach der kurvenreichen Abfahrt gibt es keinen Parkplatz. Manche Zufahrten sperrt die Guardia Civil, um ein Verkehrschaos abzuwenden.

(44) **Ohne Blick auf die Preisliste bestellen** Seit die Celebrities Ibiza entdeckten, gingen die Preise für Speisen und Getränke mancherorts durch die Decke. Um böse Überraschungen zu vermeiden, sollte man unbedingt vor der Bestellung konkrete Angaben einfordern.

(45) **Die Ibizenker als Spanier bezeichnen** Die Ibizenker lieben ihre Insel, das spanische Festland und die Regierung in Madrid allenfalls mit Abstrichen. Aus diesem Grund sollte man eine solche Zuordnung

meiden. Am ehesten noch fühlen sich die Inselbewohner den Katalanen nahe.

(46) **Ohne geeignetes Schuhwerk wandern** Gesicherte und lückenlos markierte Wege werden Wanderer auf den teils hohen Klippen Ibizas vergeblich suchen. Gutes Schuhwerk und Trittsicherheit sind daher unabdingbar.

(47) **Tickets inoffiziell kaufen** Verkaufsstellen für Eintrittskarten von Klubs gehören noch zum Straßenbild. Die meisten Klubs jedoch akzeptieren nur noch Tickets, die über die eigene Webseite gekauft wurden. Vorsicht also ist geboten.

(48) **Warnhinweise auf Quallenplagen missachten** Quallen sind sehr unangenehme Zeitgenossen. In einige Buchten fallen sie gelegentlich so zahlreich ein, dass die Behörden Netze davorgespannt haben.

(49) **In der Hochsaison ein Idyll erwarten** Wer im Juli und August nach Ibiza reist, sollte wissen, auf was er sich einlässt: volle Strände und Klubs, Saisonaufschläge und Staus. Höchstens Individualtouristen finden dann Ruhe in den Agroturismos.

(50) **Über die Insel rasen** Was sich eigentlich von selbst versteht, gewinnt durch akute Gefahren an Brisanz: Die Straßen auf Ibiza sind schmal, kurvenreich und oft steil. Verantwortungsvolles Fahren ist unbedingt geboten.

Was steckt dahinter?

Die kleinen Geheimnisse sind oftmals die spannendsten. Wir erzählen die Geschichten hinter den Kulissen und lüften für Sie den Vorhang.

Wieso gibt es Wehrtürme an der ibizenkischen Küste?

Auf Ibiza fallen nicht nur die trutzigen Wehrkirchen, sondern auch die Wehrtürme an der Küste auf. Zehn Türme des 18. Jhs. blieben erhalten oder wurden rekonsturiert wie die Torre de Campanitx › S. 143. Ein Mann bezog seinen Posten auf dem Turm mit einer Leiter, die er hinter sich hochzog, überwachte von oben aus die Küste und warnte die Einwohner mittels Signalhorn oder -feuer bei drohender Gefahr. Gefürchtet waren vor allem die Korsaren, Piraten aus Nordafrika, die im westlichen Mittelmeer Schiffe kaperten und auch Ibiza angriffen. Sie plünderten Häuser und Vorräte, erpressten Geld für verschleppte Inselbewohner. Rechtzeitig gewarnt konnten sich die Menschen in Sicherheit bringen. Gefährlich war auch das zu Verteidigungszwecken im Turm gelagerte Schießpulver. Die Torre de Campanitx explodierte durch Blitzschlag und Funkenflug 1864 und wurde erst 1982 wiederaufgebaut. Prachtexemplare sind die Torre des Molar bei Port de Sant Miquel und die Torre des Savinar südlich der Cala d'Hort.

Was macht Sant Antoni zur britischen Exklave?

Der Hunger nach Sonne ist enorm. Das Bier wird in Pintgläsern serviert. Die Leitsprache ist Englisch. Und das Ausgehverhalten ist so exzessiv, als wäre wie daheim gegen 23 Uhr Schicht. Die großen Hotelkomplexe, die seit den 1960er-Jahren an der Bucht von Sant Antoni entstanden waren, begünstigten den Pauschaltourismus. Erst fanden die Billigunterkünfte die Gunst englischer Fußballfans, später zog die Partyszene aus dem Vereinigten Königreich mit ihren Klubs nach Ibiza. Der territoriale Anspruch ging zuletzt so weit, dass zur Unterstützung örtlicher Ordnungshüter britische Polizisten eingeflogen wurden. Inzwischen greift Sant Antoni durch, erließ z. B. ein Alkoholverbot in der Öffentlichkeit – und ist auf dem Weg zum kosmopolitischen Urlaubsort.

Warum erinnert Ibiza an Stonehenge?

Esoterische Anwandlungen sind in der Hippie-Exklave Ibiza nicht selten. Das auffällige Kunstwerk, das der kanadische Milliardär Guy Laliberté (Cirque du Soleil) an der Cala Llentia errichten ließ, gehört jedoch nicht dazu. Die angeblich größte Sonnenuhr der Welt erinnert wegen ihrer Stelen an das britische Stonehenge und errang internationale Aufmerksamkeit, weil sie ohne Genehmigung gebaut wurde. Geheimnisvoll also ist daran wenig.

Über Eivissa thront das von Stadtmauern geschützte historische Zentrum Dalt Vila

REISE-PLANUNG & ADRESSEN

Die Reiseregion im Überblick

Ob Balearentraum, Partyeiland, Insel der Reichen oder Billigtourismus: Unser Ibizabild wird am liebsten auf Klischees reduziert. Dabei ist die Insel so vielseitig, wie sie auf 563 km² nur sein kann. Gäbe es sie nicht, müsste die Tourismusindustrie sie erfinden.

Die meiste Aufmerksamkeit verdient die Inselhauptstadt **Eivissa,** eine geschäftige, quicklebendige Minimetropole, mit der Neuankömmlinge aufgrund der allgegenwärtigen Ibizaklischees kaum rechnen. Mehr als 2500 Jahre alt, erhaben auf einem Felsen gelegen und in ihren mittelalterlichen Strukturen erhalten, schickt die weithin sichtbare Altstadt (Dalt Vila) alle Entdecker auf eine spannende Zeitreise, die ausreichend Spielraum für Romantik lässt. Im Kontrast dazu lockt die Neustadt um den Passeig Vara del Rey mit vielfältigen Einkaufsmöglichkeiten. Und hier wie auch auf der Hafenpromenade lässt es sich bestens flanieren.

Der **Süden** der Insel geht in der Wahrnehmung manchmal ein wenig unter. Dabei erstrecken sich jenseits der ausgedehnten, weniger attraktiven Peripherie von Eivissa und dem riesigen Flughafenareal die weitläufigen Salinen, an deren Rändern sich die längsten Sandstrände Ibiza ausbreiten.

Ibizas **Westen** überrascht unterdessen mit schroffen Felsenbuchten. An einigen der steilen Hänge stehen die Villen wohlhabender Privatiers. Fest in der Hand des Massentourismus befindet sich dagegen Sant Antoni. Doch die zweitgrößte Stadt der Insel bietet außer einem regen Nachtleben abwechslungsreiche sportliche Möglichkeiten, u. a. auf der Radlern und Fußgängern vorbehaltenen Uferpromenade.

Fernab von Touristenscharen sorgt das **Inland** der Insel mit den ansehnlichen weißen Dörfern wie

Daran gedacht?

Einfach abhaken und entspannt abreisen

- [ ] Reisepass / Personalausweis / Identitätskarte
- [ ] Flugtickets
- [ ] Reservierungsbestätigung für Unterkunft / Mietwagen
- [ ] Führerschein (Leihwagen)
- [ ] Kreditkarte einstecken
- [ ] Sitter für Pflanzen / Tiere
- [ ] Postvertretung organisieren
- [ ] Zeitungsabo umleiten / abbestellen
- [ ] Nicht den AB besprechen »Wir sind zwei Wochen nicht da«
- [ ] Hauptwasserhahn / Heizung / Gas abdrehen
- [ ] Fenster zumachen
- [ ] Ladegeräte für Handy usw.
- [ ] Speicherkarte für Kamera
- [ ] Medikamente einpacken

Viele Fincas auf Ibiza locken als komfortable Hotels mit herrlichen Gärten

Santa Gertrudis für Entzücken. Das Inland ist nur spärlich besiedelt. Hier leben diejenigen, die viel Wert auf Ruhe legen und gute Restaurants zu schätzen wissen. Wer sich abseits der Hauptstraßen bewegt, findet selbst im Hochsommer ein einsames Fleckchen, um in aller Abgeschiedenheit völlig zu entspannen und abzuschalten.

Auch der **Norden** Ibizas mutet fast ursprünglich an. Die wenigen Straßen sind schmal und eng. Wasser und Himmel scheinen hier so blau, wie nirgendwo anders auf der Insel. Abgesehen von Orten wie Portinatx überwiegt der sanfte Tourismus. Die herrlichen Agroturismos (zu Hotels umgebaute Fincas) stehen bei Wanderern, Radfahrern und anderen Individualisten hoch im Kurs.

Im Wesentlichen gilt das auch für den **Osten** von Ibiza, dessen Badebuchten sich bei Sonnenaufgang im schönsten Licht zeigen. Die Gegend um Santa Eulària ist vor allem bei Familien beliebt, da es hier recht beschaulich zugeht und die Strände leicht zugänglich sind.

Obwohl alle Regionen ihre Vorzüge haben, darf man nicht vergessen, dass die Distanzen auf der Insel ohnehin so gering sind, dass keine Entscheidung für ein Urlaubsdomizil endgültigen Charakter hat: Eigentlich dauern Fahrten nur bei Staus und Pausen länger als 45 Minuten. Und selbst wer im äußersten Nordosten residiert, muss auf lange Klubnächte nicht verzichten. Kurzum: Ibiza ist eine Insel wie gemalt für Touristen.

Klima & Reisezeit

Ibiza befindet sich in subtropischen Breitengraden. Während die Sommer trocken und heiß sind, kann es im Winter recht kühl werden. Generell bieten die klimatischen Voraussetzungen Bedingungen für relativ kalkulierbares Wetter.

Während des Hochsommers ächzt die ganze Insel unter der Hitze: Während Klimadiagramme im Juli und August Durchschnittshöchstwerte von knapp unter 30 °C vermelden, kommen Spitzenwerte von bis zu 38 °C immer häufiger vor – neuerdings sogar im September. In den Nächten kühlt es auf Werte um 20 °C ab. Am angenehmsten sind die Temperaturen denn auch in den Monaten Mai, Juni und Oktober, wenn sich das Thermometer bei Werten zwischen 20 und 25 °C einpendelt. Nachtwerte um die 15 °C versprechen dann einen erholsamen Schlaf.

Von November bis Mitte April wird die 20 °C-Marke hingegen nur in Ausnahmefällen geknackt. Die Nächte sind mit Werten um die 5 °C vor allem von Dezember bis Februar empfindlich kühl. Das gilt auch für die Wassertemperaturen des Mittelmeers, das im Regelfall nur von Ende Mai bis Anfang November mehr als 20 °C warm ist. Im Spätwinter herrschen mit Werten um 13 °C wahrlich keine Badetemperaturen mehr.

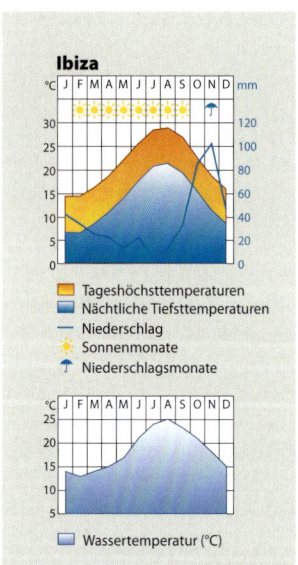

Die Niederschlagsmenge ist im Oktober am größten, doch auch September sowie November und Dezember können feucht und grau sein. Selbst im Januar allerdings freuen sich die Insulaner über durchschnittlich fünf Stunden Sonne pro Tag.

Für eine Reise nach Ibiza eignet sich ohne Zweifel die Zeit zwischen Mitte April und Ende Mai am besten, wenn die Vegetation nach und nach zu frischem Leben erwacht, sich das Mittelmeer allmählich erwärmt und der Tourismus wieder an Fahrt aufnimmt. Doch auch Ende September kann Ibiza zum Niederknien schön sein. Und vor allem bei Wanderern und Radfahrern sind die milden, sonnigen Tage Anfang Herbst sehr beliebt.

Anreise

Fast alle Reisenden kommen mit dem Flugzeug auf dem internationalen Flughafen von Ibiza an. Die Angebote variieren je nach Saison stark.

Mit dem Flugzeug

Saisonweise fliegt von jedem größeren Flughafen Deutschlands, Österreichs und der Schweiz wenigstens eine der drei Gesellschaften Eurowings (www. eurowings.com), Air Berlin (www.airberlin.com) oder Condor (www.con dor.com) nonstop nach Ibiza. Hinzu kommen die spanischen Carrier Air Europa (www.aireuropa.com) und Vueling (www.vueling.com) sowie Ryanair (www.ryanair.com). Die meisten Airlines allerdings sind nur von Mitte Mai bis Anfang Oktober aktiv. Außerhalb dieses Zeitraums werden Flüge zum Verdruss der Tourismusbehörde vergleichsweise selten angeboten. Manchmal kann es sich daher lohnen, auf Vergleichsportalen wie Skyscanner (www.skyscanner.de) auch nach Abflugdestinationen im angrenzenden Ausland zu suchen.

Mit dem Schiff

Die Anreise ist auch mit der Fähre vom spanischen Festland aus (ab Barcelona, Valencia oder Dénia) möglich. Diese lohnt sich vor allem für jene, die bei einem Langzeitaufenthalt ihr eigenes Auto auf die Insel mitnehmen wollen; die Kosten für den Transport sind jedoch relativ hoch. Das Kreuzfahrtterminal befindet sich im Hafen von Eivissa.

Reisen auf Ibiza

Mit Bus und Taxi

Auf Ibiza gibt es keine Bahnlinien. Dafür sind alle größeren Orte an das Busnetz angeschlossen, das in unterschiedlicher Taktung den Transfer über die Insel ermöglicht (www.ibizabus.com). Die Buslinie 10 fährt vom Flughafen zur Hafenpromenade von Eivissa, Linie 9 nimmt Kurs auf Sant Antoni. Tickets kosten 3,50 € und können im Bus erworben werden. Fünf Disco-Bus-Linien runden das Angebot ab. Wer ein Taxi nimmt, muss mit 15 bzw. 26 € rechnen.

Mit dem Mietwagen

Schon die Anmietung kann zu einem Vorgeschmack auf einen entspannten Urlaub werden: Alle wichtigen Anbieter nämlich verfügen am Flughafen über einen Schalter, der sich nicht nur zur Ankunftshalle, sondern auch zu

Im sommerlich-luftigen Auto an den Strand

den Gepäckbändern hin öffnet. Mit ein wenig Glück können die Formalitäten bereits während des Wartens auf den Koffer erledigt werden.

Die Preise variieren je nach Saison. Kleinwagen starten bereits bei knapp über 100 € pro Woche. Anbieter wie Auto Europe (www.autoeurope.de) oder Sunny Cars (www.sunnycars.de) vermitteln Rundumsorglos-Pakete inklusive aller Kilometer und sämtlicher Versicherungen. Ein Navigationssystem ist nicht unbedingt nötig.

Abgesehen von der vierspurigen Straße zwischen Sant Antoni und Eivissa, wo ein Tempolimit von 100 km/h gilt, darf außerhalb der Ortschaften aus gutem Grund nicht schneller als 80 km/h gefahren werden: Ibizas Infrastruktur ist nicht in gleichem Maße wie die Besucherzahlen gewachsen. Viele Straßen sind eng, kurvenreich und steil. In Eivissa und anderen größeren Orten sind die Parkplätze begrenzt.

Sport & Aktivitäten

Ibiza ist eine Destination für Sonnenanbeter und Wasserratten. Entsprechend sind die Bedingungen vom Tauchen über das Kajakfahren bis zum SUP (Stand-up-Paddling) hervorragend. Außerdem bietet die kleine Insel Wanderern und Radfahrern spannende Entdeckungsmöglichkeiten.

Baden

Der balearische Traum wird zu Recht von malerischen Badebuchten und azurblauem Wasser genährt. Die Badesaison beginnt erst Mitte Mai und endet spätestens Anfang November. Die Anzahl der Badebuchten auf Ibiza wird meist mit 56 angegeben. Dabei allerdings werden nur jene mitgezählt, die mit dem Auto erreichbar sind. Wer über ein Boot verfügt oder teils anstrengende Wanderwege nicht scheut, findet aber weitere und durchaus noch einsame Strände. Andere können zu Stoßzeiten mehr oder weniger voll, manchmal sogar überfüllt sein. Nur im schroffen Nordosten ist die Situation generell etwas entspannter.

Wassersport

Das Mittelmeer eignet sich perfekt für jede Form des Wassersports. Tauch- und Schnorchelausrüstungen werden vielerorts vermietet, auch Surfbretter, Stand-up-Paddles (SUPs) oder Kajaks können in den meisten Buchten angemietet werden. Wer segeln möchte, kann aus allen Bootsklassen wählen, von der Jolle bis zum Katamaran. Die Preisspirale kennt dabei keine Grenzen: An der Marina Botafoch werden Boote für Wochenraten im gehobenen fünfstelligen Preissegment offeriert. Leider trüben lärmige Jet-Skis zuweilen die Urlaubsfreuden.

Taucher werden an Scuba Ibiza ihre Freude haben. Das Center ist das einzige auf der Insel, das von der Organisation PADI die höchste Qualifikation erhalten hat. Zum Programm gehören auch interessante Exkursionen nach Es Vedrà (www.scubaibiza.com).

Seit 1979 eine Institution in Sachen **Windsurfen** ist Anfibios an der Platja d'en Bossa. Das Unternehmen bietet auch **Kajaktouren** zu den vorgelagerten Posidonia-(Seegras-)Feldern an (www.anfibios.com).

Für **Segelkurse** unterschiedlichen Schwierigkeitsgrads ist der Club Nautico in Santa Eulària bekannt (Tel. 971 31 33 63).

Und Wagemutige, die nach besonderen Abenteuern suchen, können es unter Anleitung von Profis ja mal mit **Klippenspringen** versuchen (www.cliffdivingibiza.com).

Radfahren

Vom Terrain her eignet sich Ibiza perfekt zum Radfahren: Die teils drastischen Steigungen bieten dabei exzellente Trainingsmöglichkeiten, die ambitionierte Sportler auch zu allen Jahreszeiten in Anspruch nehmen. Auf der Insel sind zahlreiche Routen ausgeschildert (www.ibiza.travel/de/cicloturismo.php). Aller-

Das glasklare Wasser abgelegener Buchten ist für Schnorchelausflüge wie geschaffen

dings ist die Systematik manchmal schwer zu durchschauen, die Tourismusbehörde gelobt Besserung. Gleiches gilt für die Radwege, die auf der Insel bisher äußerst spärlich vorhanden sind. So lässt sich das Radfahren meist nur mit Vorsicht auf den Straßenverkehr genießen. Theoretisch könnte man auf abgelegene Wege ausweichen, die es auf der Insel in großer Zahl gibt. Diese allerdings sind oft in derart schlechtem Zustand, dass sie besser mit dem Mountainbike befahren werden sollten. Räder jeder Art hat Bicicletas Kandani in Santa Eulària im Angebot (www.kandani.com).

Wandern

Anhängern dieser Sportart sind kaum Grenzen gesetzt: Ibiza verfügt über ein weithin erschlossenes Terrain mit vielen Wegen, die sich zum Wandern eignen. Das Tourismusbüro hat eine Broschüre mit sieben Routen herausgegegen (www.ibiza. travel/img/descargas/18_de_send_ ale.pdf). Wer sich in unbekanntem und teils unzureichend gesichertem Gelände lieber in die Obhut von Experten begeben möchte, kann an den geführten Wanderungen von Into the Wild teilnehmen (www. intothewild.es).

Golf

Passionierte Golfer sollten sich lieber eine andere Urlaubsdestination suchen, denn Ibiza verfügt lediglich über eine Anlage in Santa Eulària mit 18 und neun Löchern (www. golfibiza.com).

Wellness

Rund 15 Luxusresorts und Agroturismos auf der Insel betreiben Spas, einige locken auch Gäste von außerhalb mit Tagesangeboten. Ansonsten ist das Angebot eher bescheiden.

Den freien Blick ins Blaue mit Himmel, Meer und Pool bieten viele Hotels auf Ibiza

Unterkunft

Von preiswerten Apartmentanlagen bis zu Luxushotels bietet Ibiza jede Form der Unterbringung. Dabei geht der Trend eindeutig zum Agroturismo: umgebaute Fincas für Individualisten.

Mit mehr als 80 000 Betten beherbergt Ibiza in Stoßzeiten fast so viele Besucher, wie die Insel Einwohner zählt. Den Urlaubern stehen rund 100 Hotels, 230 Apartmentanlagen und knapp 40 Agroturismos zur Auswahl. Die meisten Unterkünfte sind nur von Anfang Mai bis Mitte Oktober geöffnet. Die Preise variieren stark zwischen Neben- und Hauptsaison.

Tourismussteuer

Seit 1. Juli 2016 müssen Besucher während ihres Aufenthalts auf Ibiza eine Tourismussteuer entrichten. Diese schwankt je nach Saison und Unterkunft zwischen 0,25 € und 2 € pro Person und Übernachtung. Am geringsten ist der Aufschlag in der Nebensaison auf einem Zeltplatz oder in einem Hostel, am höchsten in 4- und 5-Sterne-Hotels. Mit den Einkünften soll zukünftig die touristische Infrastruktur verbessert und die Nachhaltigkeit gefördert werden. Die Verteilung der auf den gesamten Balearen eingetriebenen Steuergelder sorgte auf Ibiza schon für Unmut, das rund 20 % aller Übernachtungen der Balearen erzielt, aber nur 13 % der Ausschüttung erhalten sollte.

‼ Erst-klassig

Übernachten mit Flair

- **El Hotel Pacha:** Wer in dem fast ganz in Weiß eingerichteten Komforthotel wohnt, steht automatisch auf der Gästeliste für den Klub. › S. 69
- **Hotel Ventana:** Familiengeführtes Hotel in der Bestlage von Dalt Vila mit charmant-skurrilen Zimmern. › S. 69
- **Boutique Hostal Salinas:** Liebevoll betriebenes Haus mit elf Zimmern – zwischen Salzfeldern, Wäldchen und Strand. › S. 84
- **Can Curreu:** Prächtiges Anwesen inmitten einer Zitrusplantage mit geschmackvoll eingerichteten Zimmern und Suiten sowie einem spektakulären Blick bei Sonnenuntergang. › S. 108
- **Can Gall:** Abgeschiedenes Etablissement in einer mehr als 200 Jahre alten Finca. Im Sommer feiern die Gäste gern gemeinsame Poolpartys. › S. 109
- **Can Lluc:** Schönes Landgut mit einladender Badelandschaft und einem Hausberg, von dessen Gipfel die Bucht von Sant Antoni zu sehen ist. › S. 114
- **Can Martí:** Ökolandgut unter deutschsprachiger Führung. Die wenigen Apartments sind sehr gemütlich. › S. 122
- **Can Planells:** Inmitten von Obstplantagen gelegen, lockt neben einem sonnenüberfluteten Pool unter Palmen auch ein grandioses Frühstück. › S. 124

Unterwegs mit Kindern

Feinsandige Badebuchten und kristallklares Wasser sind ein Selbstläufer für Kinder jeden Alters. Dabei eignen sich einige Strände besser für Familien als andere. Der im Südwesten gelegene Strand Ses Salines etwa kann für sich den Titel des längsten und breitesten Strands beanspruchen. Seine Weitläufigkeit erinnert fast an einen Atlantikstrand. Die Preise der Beachbars allerdings sind hoch und die Parkplätze in der Hochsaison voll. Die Platja d'en Bossa bei Eivissa verfügt ebenfalls über seichtes Wasser und herrlichen Sand. Doch weil das Partyvolk weite Teile für sich beansprucht, eignet sich nur das westliche Ende für Familien. Weitere populäre Buchten für Kinder: Die Cala Benirràs (außer sonntags) und die Cala Portinatx im Norden, die Cala de Sant Vicent und die Platja Es Figueral im Osten sowie der westliche Abschnitt des Stadtstran-

des von Santa Eulària, außerdem die Cala Tarida und die Cala Vedella im Westen.

Weil auch der perfekte Strandurlaub aus Kinderperspektive schneller eintönig wird, als Eltern dies wahrhaben möchten, bietet Ibiza trotz seiner überschaubaren Größe eine Menge mehr Abwechslung.

Mit Wasser

- **Aguamar** [D3]
Rutschbahnen mit hohem Spaßfaktor für Große und Kleine.
Platja d'en Bossa
Tel. 971 39 57 82
Mai–Okt. 10–18 Uhr
Erw. 18 €, Kinder 10 €
- **Airzone Park** [C2]
Die Betreiber stellen in Aussicht, Besuchern einen Gang über das Wasser zu ermöglichen. Bedingung: Man muss sich in einen überdimensionalen Plastikball begeben. Dann klappt das.
Carrer des Moli 3 | Sant Antoni

Tel. 067 88 32 418
www.zorbingibiza.com
Mai–Sept. 11–23, März/April 16 bis
21 Uhr

Schifffahrt um die Insel

Immer ein Vergnügen: Die Santa Eulària Ferry steuert diverse Buchten sowie Eivissa an. Eine Garantie für ungewohnte Aussichten. Wer mag, kann sich auch nach Formentera schippern lassen (www.ferry santaeulalia.com).

Tauchen

• **Tauchschule Cala Pada** [F2]
Zertifizierte Tauchbasis unter deutschsprachiger Leitung. Kinder können ab 8 Jahren an Kursen mit Theorie und Praxis teilnehmen. Hier möchte man den Nachwuchs Schritt für Schritt an die Erkundung der Unterwasserwelten heranzuführen.
Cala Pada | Tel. 971 33 07 55
www.diving-ibiza.com
Mai–Okt. Kurse ab 110 €

Kleine Abenteuer

• **Acrobosc** [F2]
Kletterwald mit mehreren Routen und Ziplines. Kinder (ab 8 Jahren) meistern die Herausforderungen souverän.
Avinguda de s'Argamassa 77
Santa Eulària
www.acroboscibiza.com
Mitte Juni–Mitte Sept. 10–21 Uhr, sonst wechselnde Öffnngszeiten
12–25 €
• **Cova de Can Marça** [D1]
Oberhalb der Bucht von Port de Sant Miquel sorgt eine Tropfsteinhöhle für unerwartete Abwechslung. Sie ist bis zu 14 m hoch und 100 000 Jahre alt.

www.covadesanmarca.com
Sommer 10.30–20, Winter 11–18 Uhr
Erw. 10,50 €, Kinder 6,50 €
• **Ökobauernhof Can Muson** [E2]
Was früher normal war, gilt heute als Abenteuer: Auf diesem 65 000 qm großen Ökolandgut können Kinder Schweine füttern, Mandeln knacken und Bioobst verkosten.
Carretera Santa Eulària, km 11 (Abzweigung Cala Llonga, Schildern folgen)
www.ibizacanmuson.com
tgl. 9.30–14.30 und 16–18.30 Uhr
• **Reitschule Escuela de Equitacíon Can Mayans** [D2]
Auf dem großzügigen Übungsgelände (15 000 m²) der Finca Can Mayans gibt es ganzjährige Kurse für Kinder ab 8 Jahren. Geübte Reiter können an Ausritten teilnehmen.
Carretera Santa Gertrudis a Sant Llorenç km 3 (auf Schilder achten)
Tel. 971 18 73 88

Weitere Tipps

www.ibiza.travel/de/familia.php

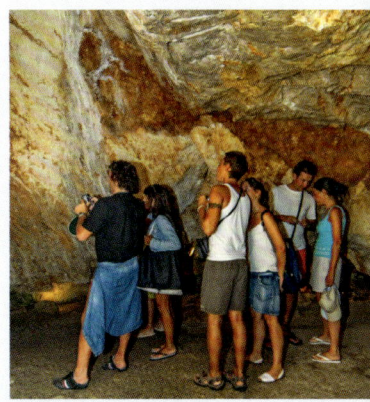

Coole Höhle Cove de Can Marça

In Dalt Vila, Eivissas Altstadt, geht es immer lebhaft zu

LAND & LEUTE

Steckbrief

- **Fläche:** 572 km²
- **Küstenlänge:** 210 km
- **Hauptstadt:** Eivissa (Ibiza-Stadt)
- **Amtssprache:** Spanisch (Castellano) und Katalanisch (Català)
- **Einwohner:** knapp 135 000
- **Landesvorwahl:** 0034
- **Währung:** Euro (€)

Lage und Landschaft

Ibiza ist die drittgrößte Insel der Balearengruppe. Das Eiland befindet sich etwa 80 km östlich des spanischen Festlands im Mittelmeer. In Richtung Nordosten ist die Entfernung zur Insel Mallorca etwa genau so groß. Die Distanz zu Afrika beträgt weniger als 200 km. Rein geologisch gesehen, sind die Balearen eine abgesprengte Fortsetzung des andalusischen Felsengebirges. Ibiza ist eine sehr hügelige Insel mit nur wenigen Ebenen. Die höchste Erhebung ist der Sa Talaïa mit 476 m.

Bevölkerung

Noch vor 100 Jahren lebten kaum 25 000 Menschen auf Ibiza. Seitdem ist die Zahl geradezu explodiert. Im Sommer halten sich bis zu 300 000 Personen zeitgleich auf dem Eiland auf. Ein Großteil der ständigen Bewohner lebt in der Inselhauptstadt Eivissa (rund 50 000 Einwohner). Weitere 45 000 verteilen sich auf Sant Antoni und Santa Eulària.

Inzwischen residieren mehr als 20 Prozent Ausländer auf der Insel, darunter etwa 4000 Deutsche. Hinzu kommt ein nicht näher definierter Prozentsatz eingewanderter Festlandspanier. In Eivissa beträgt der Anteil ursprünglich auf den Balearen beheimateter Einwohner nur 39,5 Prozent.

Politik und Verwaltung

Die Balearen sind getreu der 1978 verabschiedeten Verfassung eine von 17 autonomen Regionen Spaniens. Das Parlament der Balearen hat seinen Sitz in Palma de Mallorca, doch jede Insel verfügt über einen Inselrat zur Wahrung der eigenen Interessen. Seit Mitte 2015 ist die Sozialistin Francina Armengol Präsidentin der autonomen Gemeinschaft der Balearen. Die Zusammenarbeit zwischen den Inseln auf touristischem Sektor schwankt – abhängig von den jeweiligen Machthabern und der allgemeinen Stimmungslage. Sind die Balearen auf einschlägigen Messen in der Vergangenheit häufig gemeinsam aufgetreten, bevorzugt Ibiza nun den Alleingang.

Ibiza ist in fünf Gemeinden eingeteilt: Eivissa, Santa Eulària, Sant Antoni, Sant Josep und Sant Joan. Die territorialen Zugehörigkeiten allerdings sind ebenso verwirrend, wie das breitflächige Fehlen von Straßennamen und Hausnummern.

Wirtschaft

Der Tourismus ist heute der mit Abstand größte Wirtschaftsfaktor der Insel: Etwa 95 Prozent der Bewohner sind direkt oder indirekt vom Fremdenverkehr abhängig. Bis vor einem halben Jahrhundert waren noch der Fischfang und die Salinen die Haupterwerbsquelle der Inselbewohner. Weil der Tourismus stark saisonal geprägt ist, bauen Gastronomie und Hotellerie in erheblichem Maß auf Teilzeitkräfte. Ibiza verfügt über eine eigene Hotelschule, deren Absolventen besten Service garantieren.

Auch Landwirtschaft wird auf der Insel noch in beträchtlichem Umfang betrieben. Zur Deckung des Nahrungsmittelbedarfs genügen Ölbäume, Weinstöcke, Zitrusplantagen und Gemüsefelder heute nicht mehr annähernd. Der Anbau aber wird wieder lukrativer, da Touristen mehr denn je an regionalen Produkten interessiert sind – und dafür Preise zu zahlen bereit sind, die über denen für Importe liegen.

Trotz der kurzen Saison boomt der Tourismus immer weiter: Allein 2016 kamen mehr als 3 Mio. Besucher nach Ibiza, davon etwa 3 Mio. aus Deutschland. Der August 2016 stellte dabei mit 1,4 Mio. gezählten Passagiere auf dem internationalen Flughafen (An- und Abflug inklusive Weiterreisende nach Formentera) einen bemerkenswerten Rekord auf. Alle drei Minuten landete oder startete eine Maschine. Damit war die Höchstauslastung des Flughafens erreicht.

Der enorme Andrang bleibt auch für die Statistiken nicht ohne Folge: Die Wachstumsraten liegen mit mehr als drei Prozent auf Ibiza deutlich über denen auf dem spanischen Festland. Die Gründe für den anhaltenden Ibiza-Boom sind vielfältig: Angst vor terroristischen Anschlägen hält viele Urlauber von Reisen in die Türkei und Nordafrika ab. Darüber hinaus ist die Insel relativ leicht erreichbar. Nicht zuletzt ist Ibiza mehr en vogue denn je, weil It-Girls, Megastars aus Showbiz, Musik und Sport ihre Social-Media-Kanäle mit Ibiza-Stoff füttern.

Täglich bringen Fischer ihre Netze aus

Geschichte im Überblick

Ab 2000 v. Chr. Iberische Hirtenvölker hinterlassen erste Spuren einer Zivilisation auf Ibiza, u. a. die Höhlenmalereien in Ses Fontenelles nahe Sant Antoni.

654 v. Chr. Phönizier aus dem karthagischen Reich gründen im Südwesten Ibizas eine Siedlung namens Ebusim oder Ibes. In der Sprache der Phönizier bedeutet »i busim« Insel des Wohlgeruchs. Die Stadt steigt in den folgenden Jahrhunderten zum bedeutenden Handelshafen auf. Die Nekropolis Puig des Molins ist heute die bedeutenste Erinnerung an die frühen Siedler.

202 v. Chr. Die Vorherrschaft der Phönizier endet mit einer Niederlage im Zweiten Punischen Krieg.

123. v. Chr. Die Römer erobern die Insel und nennen die Hauptstadt Ebesus. Als konföderative Stadt muss Ebesus keinen Tribut zahlen und besitzt weiterhin das Münzrecht.

70 v. Chr. Unter dem Namen »Flavia Augusta« wird Ebesus ins Römische Reich eingegliedert. Wirtschaft und Infrastruktur wachsen. Der Portus Magnus geht an der Stelle des heutigen Hafens von Sant Antoni in Betrieb.

380 Als das Christentum offizielle Staatsreligion wird, werden auch die Balearen christianisiert.

426 Ibiza wird von Vandalen vollständig verwüstet. Erst 533/534 unternehmen die Römer einen erfolgreichen Versuch, die Vandalen wieder zu vertreiben. Danach gerät die Insel unter den Einfluss von Byzanz, dem oströmischen Reich.

711 Die Mauren erobern die Insel und taufen sie auf den Namen *Yabisa,* »die Trockene«. Eine arabisch beeinflusste Kultur findet Verbreitung. Als Las Islas Orientales de El-Andalus gehören die Balearen fortan zum Kalifat Cordoba.

859 Die Wikinger überfallen Ibiza. Erst allmählich können die Mauren ihre Macht etablieren.

1009 Die Balearen werden unabhängiges Königreich.
Königreichm Zuge der Reconquista (Rückeroberung) bemächtigen sich die Christen erneut der Insel. Der Erzbischof von Tarragona ist nun Machthaber, Katalanisch wird die neue Sprache.

1256 Ibiza kommt zum Königreich Mallorca.

1492 Nach der Entdeckung Amerikas verlieren das Mittelmeer und die Balearen an Bedeutung. Weil daher der Schutz durch das spanische Königshaus nachlässt, haben Piraten zunehmend leichtes Spiel. Ibizas Nachbarinsel Formentera wird in der Folge bis zum 17. Jh. entvölkert. Zum Schutz gegen die Piraten errichten die Inselbewohner auf Ibiza Wehrtürme, die noch heute vielerorts zu sehen sind.

1556 Der spanische König Felipe II. lässt die Stadtmauern von Dalt Vila erweitern.

17. Jh. Fast die Hälfte der Bevölkerung in Ibizas Hauptstadt stirbt an der Pest.

1701/17 Der spanische Erbfolgekrieg löst eine Krise auf Ibiza aus. Weil die Balearen aufseiten der Habsburger stehen, beendet der spanische König Felipe V. nach seinem Sieg die autonome Verwaltung der Inseln.

1830 Nach der Eroberung Algeriens durch Frankreich endet die Zeit der Seeräuber und Piraten.

Ab 1920 Auf der Insel werden erste Reisende – Briten – gesichtet.

Ab 1933 Vor den Nazis flüchtende Deutsche lassen sich auf Ibiza nieder, darunter Walter Benjamin.

1936 Der Putsch General Francos löst den Spanischen Bürgerkrieg aus, ab August kontrollieren die francotreuen Nationalisten Ibiza und Formentera.

1939 Franco verbietet die katalanische Sprache und unterdrückt die regionale Kultur.

Ab 1958 Die Eröffnung des Flughafens bereitet dem Tourismus auf Ibiza den Weg. Zunächst kommen abenteuerlustige Hippies, später setzt sich der Pauschaltourismus durch. Erst im 21. Jh. wird verstärkt Wert auf Nachhaltigkeit und sanften Tourismus gelegt. Wohlhabende Gäste begünstigen eine nachhaltigere Form des Reisens, den Agroturismo.

1999 Die UNESCO erklärt Dalt Vila, die Nekropole Puig des Molins und Sa Caleta auf Ibiza zum Weltkulturerbe sowie die Posidonia-Seegraswiesen (Neptungras) zwischen Ibiza und Formentera zum Weltnaturerbe.

2013 Der geplante Bau einer Bohrinsel vor der Küste Ibizas kann nach heftigen Protesten der Bevölkerung abgewendet werden.

2016 Ab 1. Juli erheben die Balearen eine Tourismussteuer, deren Einnahmen vor allem in die Verbesserung der Infrastruktur fließen sollen. Der Flughafen von Ibiza erreicht mit 1,4 Mio. Passagieren im August seine Kapazitätsgrenze.

2017 Ab Frühjahr sind der Passeig Vara del Rey und die umliegenden Straßen in Eivissas Neustadt für den Autoverkehr gesperrt und bleiben Fußgängern sowie Radfahrern vorbehalten.

Gestörtes Verhältnis zum Festland

Vom spanischen Festland wollen die Ibizenker nichts wissen: Das Ende der Franco-Diktatur liegt gerade einmal 40 Jahre zurück. Die systematische Unterdrückung der eigenen Kultur sowie der katalanischen Sprache sind auf Ibiza noch lange nicht vergessen. So herrscht bei vielen Inselbewohnern eine gewisse Vorliebe für den Gedanken, Teil eines unabhängigen Kataloniens zu sein. Auch wenn das zunächst einmal zur Folge hätte, dass Ibiza nicht mehr der EU angehören würde. Eine Vorstellung, die den Repräsentanten der Tourismusindustrie überhaupt nicht behagt. Prognose: Das Identitätsproblem der Ibizenker wird auf absehbare Zeit erhalten bleiben. Doch solange dies nicht den Mallorquinern zum Vorteil gereicht, kümmert es niemanden ernsthaft.

Natur & Umwelt

Flora

Der Zentraleuropäer gerät bekanntlich stets ins Schwärmen, sobald es um die mediterrane Vegetation geht. Auf Ibiza kann er fast die ganze Bandbreite auf engem Raum erfahren.

Wohlduftende Pinienwälder, denen die Pityusen – die Inseln Ibiza und Formentera – schließlich ihren Namen verdanken, stattliche Rosmarinsträucher und Wacholderbüsche in allen Variationen sind stete Begleiter auf jeder Wanderung. Dabei sticht insbesondere der Phönizische Wacholder ins Auge, der eine Höhe von bis zu fünf Metern erreicht. Auch der Anblick von Olivenbäumen erfreut das Gemüt – vor allem dann, wenn sie in gebührendem Abstand zueinander auf roter Erde gedeihen › **Seitenblick S. 121.**

Auch Mandel- Feigen- und Johannisbrotbäume sind auf der Insel weit verbreitet. Im Winter und im Frühling hängen zudem üppige Früchte an den Zitrusbäumen. Sie alle leisten ihren Beitrag dazu, dass die Insel trotz der sommerlichen Trockenheit stets ein unerwartet grünes Gesamtbild abgibt. Eine Augenweide sind dabei die farbenfrohen Blüten von Bougainvillea, Oleander und Hibiskus, die nicht selten so gepflanzt sind, dass sie einen knallbunten Kontrast zu den schneeweißen Hauswänden abgeben.

Auch Agaven mit ihren zum Teil mächtigen Blüten sorgen für Bewunderung. Die Krönung der subtropischen Vegetation sind allerdings die verschiedenen Palmenspezies, die vor allem an Boulevards, Swimmingpools und anderen repräsentativen Orten gepflanzt wurden.

Die bemerkenswerteste Vegetation befindet sich jedoch zwischen Ibiza und Formentera – und zwar unter Wasser. Die Neptungraswiesen *(posidonia)* gehören zum UNESCO-Weltnaturerbe. Das Seegras gedeiht in einer Tiefe zwischen 1 m und 40 m, produziert reichlich Sauerstoff und sorgt für sauberes, klares Wasser.

Fauna

Die Vielfalt wild lebender Tiere ist auf der kleinen Insel begrenzt. Gewissermaßen allgegenwärtig sind die Eidechsen, die in so manches Logo mit Inselbezug Eingang gefunden haben. Die zwischen sechs und neun Zentimeter lange Pityusen-Eidechse ist gar eine endemische Art, sie kommt also nur auf Ibiza vor. Ein majestätischer Anblick ist derweil die heimische Hunderasse, der ungemein austrainiert wie ein Windhund aussehende *Podenco Ibicenco.* Die Salinen sind durch ihre weitgehende Unberührtheit ein interessantes Ziel für Vögel: Bis zu 210 Arten wurden hier gezählt. Am auffälligsten sind die Flamingos, die sich von Juli bis Oktober und von Februar bis Mai dort niederlassen. Generell gilt die beruhigende Erkenntnis, dass Ibiza frei von giftigen oder anderweitig gefährlichen Tieren ist.

Die schillernde und flinke Pityusen-Eidechse liebt die warmen Sonnenstrahlen

Umwelt

Eine kleine Insel, die phasenweise von mehreren Hunderttausend Touristen gleichzeitig besucht wird, stößt aus ökologischer Sicht beinahe zwangsweise auf Probleme. Vor allem der exzessive Wasserverbrauch von Hotelgästen und Poolbesitzern › **unten** bereitet große Sorgen. Manche Touristiker begrüßen daher die stark steigende Anzahl von Tagesgästen, die mit Kreuzfahrtschiffen kommen. Doch obwohl diese ihr eigenes Wasser mitbringen, bilden sie andererseits eine erhebliche Bedrohung: Große Schiffe können mit ihren enormen Motoren in kurzer Zeit erheblich Flächen der UNESCO-geschützten Seegraswiesen vernichten. Umweltschützer schlagen bereits Alarm, dass diese binnen weniger Jahre verschwunden sein können.

Auch von Waldbränden wird Ibiza immer wieder heimgesucht. 2014 etwa schaffte es eine Feuersbrunst bis in die Abendnachrichten, als 1500 Badegäste in der Cala Benirràs bedroht waren. Generell gilt erhöhte Vorsicht: Wer die Schönheit der Insel erhalten möchte, sollte mindestens so behutsam mit ihr umgehen wie mit dem eigenen Zuhause.

Problem Wasserversorgung

Während mit dem Riu de Santa Eulària wenigsten zeitweise ein Fluss auf Ibiza existiert, ist das Wort *llac* ein Fremdwort. Seen sind nicht vorhanden auf der Insel. Bei nur 46 Regentagen und einer durchschnittlichen Niederschlagsmenge von knapp 450 mm, wird das Thema Wasserversorgung in Zeiten zunehmenden Tourismus ernst genommen. Um einigermaßen über die Runden zu kommen, besitzen viele Einheimische Auffangtonnen. Die Zahl der Entsalzungsanlagen wächst. Nicht zuletzt wird Wasser vom Festland geliefert. Um die Sensibilität für das Thema schon in jungen Jahren zu schärfen, ist Wasserkunde auf Ibiza Schulfach.

Ibiza-Sound

Es war ein langer Weg von der Besiedlung durch die Karthager bis zur Schaffung der unverkennbaren popkulturellen Identität. Ab Mitte der 1980er-Jahre ging dann aber alles plötzlich sehr schnell: Als 1987 einige britische DJs, angeführt von Paul Oakenfold, ihren einwöchigen Urlaub auf Ibiza verbrachten, gewann ein Sound ihre Aufmerksamkeit, den sie so noch nie zuvor gehört hatten.

In den Klubs wie dem heute noch florierenden **Amnesia** › **S. 115** standen DJs an den Turntables, denen infolge der Insellage der visionäre Charakter ihrer Arbeit nicht bewusst zu sein schien. Scheinbar nicht zusammenpassende Stilrichtungen wurden hier gemixt oder übereinander gelegt: frühe Spielarten von House, Europop und von gut abgehangenem Rock. Immer wieder konnten sich auch die hypnotischen Beats von Indiebands und andere Einflüsse manifestieren.

Oakenfold und seine Mitstreiter waren inspiriert. Sie versuchten, den Sound of Ibiza im Vereinigten Königreich zu etablieren. Zunächst mit wenig Erfolg, doch bald entstanden in der Metropole London auf Basis des balearischen Konzeptes erfolgreiche Partyreihen.

Bis zur nächsten Entdeckung sollte es noch ein paar Jahre dauern. Doch als José Padilla in Sant Antoni ins Rampenlicht trat, war dies kulturhistorisch von erheblicher Bedeutung. Padilla nämlich war Resident-DJ im **Café del Mar** › **S. 93**, wo er das tägliche Ritual des Sonnenuntergangs mit passenden Beats untermalte. Der Chill-out-Sound war erfunden. Die geschmeidigen Remixe von Künstlern wie Underworld, Moby, Goldfrapp oder The XX waren fortan ein weltweit imitiertes Synonym für die Insel Ibiza.

Padilla selbst zeichnete noch für die Zusammenstellung der ersten Café-del-Mar-Compilations verantwortlich, ehe er sich anderswo neuen musikalischen Tätigkeiten zuwendete. Heute arbeitet er für den Radiosender Sonica FM, der inhaltlich weit vorne liegt. Dem kommerziellen Erfolg späterer Café-del-Mar-Alben tat dies keinen Abbruch: die Sampler wurden allgegenwärtig. Und bis heute dürfte es nur wenige Freunde elektronischer Wohlfühlmusik geben, die nicht wenigstens ein Exemplar der stilprägenden Reihe besitzen.

Obwohl Urlaub, Tanzen und Klubs eine durchaus übliche Sinneinheit bilden, war damals etwas Wundersames geschehen: Erstmals hatte eine sonnige Ferienregion ihren eigenen Sound kreiert. Ein Kunststück, das in der Geschichte der Popmusik bisher eher grauen Städten wie Liverpool, Detroit oder Memphis gelang.

Ibizas Aufstieg zur weltweit führenden Destination für Klubs war nicht mehr aufzuhalten. Das Branchenmagazin »DJMag« verortet aufgrund seiner Kundenabstimmung im Jahr 2016 mit dem Space (Ende 2016 unter diesem Namen geschlossen, Zukunft offen), dem Amnesia und dem **Pacha** › S. 73 drei der vier besten Klubs der Welt auf Ibiza. Mit dem **Ushuaïa** › S. 73 und dem **DC-10** › S. 82 befinden sich außerdem zwei weitere Favoriten der Ibizagäste in den Top 12 weltweit.

Kein schlechtes Ergebnis für eine Insel mit weniger als 150 000 Einwohnern. Heute dominiert der Sound of Ibiza das Radio, Beachklubs sowie viele Bars und Restaurants. Doch nicht jeder Ibizenker ist begeistert, ist die Musik doch von limitierter Aussagekraft, die zudem viele andere identitätsstiftende Traditionen in den Schatten stellt.

Nicht zuletzt liegt es in der Natur der Sache, dass die angelockte Klientel nicht zu den leisesten Gästen zählt und zu einem ekstatischen Lebensstil neigt. Wer sich davon überzeugen möchte, muss an der Platja d'en Bossa nur mal am Bora Bora vorbeischlendern. Der Anblick von Ravern, die beim Tanz auf den Tischen zuweilen auch auf knappe Bekleidung verzichten, mag ein paar Mal amüsant sein. Doch auf Dauer leidet der Ruf. Die Karthager, so viel steht fest, hätten den Kopf geschüttelt.

Party im Ushuaïa

Kunst & Kultur

Architektur

Anhänger der Baukunst haben auf Ibiza ihre Freude: Angefangen mit der gewaltigen Festungsmauer, die Eivissas Altstadt den Status des UNESCO-Weltkulturerbes beschert hat, über die trutzigen Steinbauten von Dalt Vila bis zu den unverwechselbaren Wehrkirchen › **S. 136** und den charakteristischen Fincas verfügt die Insel über einen großes Fundus an offiziellen und inoffiziellen Monumenten. Auch die Gegenwart weiß zu überzeugen: Der moderne ibizenkische Flachbau mit seinen großflächigen Glasfronten und Poollandschaften ist als Lebensraum für gut betuchte Showgrößen wie geschaffen.

Kunst

Zunächst als farbenfrohes mediterranes Eiland und später als lebendige Hippie-Enklave, zieht Ibiza seit Mitte der 1950er-Jahre eine beständig wachsende Schar von Künstlerinnen und Künstlern an. Erste Akzente setzte die Grupo Ibiza 59, der unter anderem der deutsche Künstler und Architekt Erwin Broner › **S. 62** angehörte. Einige der gegenwärtig auf Ibiza tätigen Künstler firmieren und vermarkten sich unter dem Namen Art Club of Ibiza (www.art-club-ibiza.com). Insgesamt aber kann Ibiza in dieser Hinsicht nicht mit der regen Kunstszene Mallorcas konkurrieren.

Musik

Nicht jeder Klassikfan mag elektronische Musik als gleichwertiges Kulturprodukt werten. Doch es steht ohne Zweifel fest, dass der Sound of Ibiza › **S. 40** die Insel auf die imaginäre feuilletonistische Weltkarte gebracht hat.

Das Stadttor Portal de ses Taules in Eivissa gewährt Einlass nach Dalt Vila

In der Osterwoche ziehen Prozessionen durch die Orte auf der Insel

Feste & Veranstaltungen

Der Sommer steht ganz im Zeichen von Dance-Events, Klubnächten und anderen Partys. Doch es locken auch Veranstaltungen wie die vielen Patronatsfeste, die tiefer in die lokale Folklore, Geschichte und kulinarische Traditionen eintauchen. Höhepunkt ist die Fiesta Medieval in Eivissa.

Festkalender

Januar: 5. 1. **Los Reyes Magos.** In Erwartung der Heiligen Drei Könige, die am Tag darauf an vielen Orten der Insel anzutreffen sind, stellen die Kinder ihre Schuhe ans Fenster. Am 6. 1. bekommen sie ihre Weihnachtsgeschenke. **Patronatsfeste** in Sant Antoni am 17. 1. sowie in Santa Agnès am 21. 1.

Februar/März: Karnevalsumzüge in Eivissa, Sant Antoni und Santa Eulària. Karneval endet mit dem ›Begräbnis der Sardine‹, einem **Sardinenessen.** 12. 2. **Patronatsfest** in Santa Eulària mit traditionellen Tänzen und anderer Folklore.

März/April: Festivitäten in der Osterwoche, der **Semana Santa,** u. a. mit einer großen Karfreitagsprozession in Eivissa und der internationalen Segelregatta **Ruta del la Sal** (www.larutadela sal.com). Außerdem: 19. 3. **Volksfest** in Sant Josep, am darauf folgenden Sonntag **Wallfahrt** zur Kapelle auf dem Puig d'en Serra. Letztes Märzwochenende: **Opening** im Atzaró, das als inoffizielle Eröffnung der Clubbing-Saison mit riesigem Programm und bis zu 18 000 Gästen gefeiert wird. 5. 4. **Patronatsfest** Sant Vicent.

Mit Trommeln und Fahnen wird das Mittelalter in Eivissa gefeiert

April/Mai: **Sabor Ibiza,** Food-Festival mit günstigen Tapas und Menüs auf der ganzen Insel (www.saboribiza.com).

Mai: 1. 5. **Tag der Arbeit** und **Maifest** in Santa Eulària, gefolgt von einem Monat voller Aktivitäten. 2. Wochenende: **Eivissa Medieval:** Großes Mittelalterspektakel in Dalt Vila. Letzte Maiwoche: Beginn der **Opening-Partys** in den Klubs der Insel.

Juni: 2. Woche: **Ibiza Gay Pride** (http://ibizagaypride.es)

Juli: 1. 7. **Patronatsfest** in Es Canar. 18. 7. **Fiesta de la Virgen del Carmen,** Festtag zu Ehren der Schutzheiligen der Fischer, mit einer Prozession auf dem Wasser in Eivissa.

August: 5.–8. 8. **Fiesta Santa Maria de la nieves** zu Ehren der Schutzpatronin der Insel, anlässlich der Rückeroberung Ibizas von den Katalanen. In Eivissa gibt es ein mitternächtliches Feuerwerk zum Abschluss. 15. 8 **Fiesta** in Cala Llonga ebenfalls mit Schiffsprozession und Feuerwerk.

September: 2. Wochenende **Eivissa Jazz-Festival** auf dem Mercat Vell (Alter Markt). 3. Wochenende: **Bier-Festival** in Eivissa. 29. 9. **Volksfest** in Sant Miquel. Ab dem 26. 9 **Festes de Santa Teresa** in Es Cubells mit einem Programm bis Anfang November.

Oktober: 12. 10. **Día de la Hispanidad,** der Feiertag zur Erinnerung an die Entdeckung Amerikas. 24. 10. **Patronatsfest** in Sant Rafel. 2. Monatshälfte: **Kunsthandwerkermarkt** im Viertel La Marina in Eivissa.

November: 1. 11. **Allerheiligen** (Todos Los Santos). 4. 11. **Patronatsfest** in Sant Carles. 16. 11. **Patronatsfest** in Santa Gertrudis. 1. Advent: Eröffnung des **Weihnachtsmarktes** Las Dalias.

Dezember: 6. 12. **Tag der Verfassung** (Día de la Constitución). 25. 12. **Weihnachten** (Navidad).

Essen & Trinken

Ibizenkische Spezialitäten

Der kleinste gemeinsame Nenner wird bereits zum Frühstück serviert: *pa amb tomàquet* (Brot mit Tomatenpüree) gilt als Grundlage für einen guten Start in den Tag. Sowohl der allgegenwärtige *jamon iberico* (iberischer Schinken) als auch die meisten Käsesorten gewinnen durch die Spezialität an Charakter. Wie das *pa amb tomàquet* haben auch die meisten anderen Inselgerichte eine Vergangenheit als Arme-Leute-Essen, von der sie sich im Zuge der kulinarischen Rückbesinnung auf regionale Gerichte schrittweise befreien konnten.

Die Krönung auf vielen Speisekarten ist der *sofrit pagès*. Zur Zubereitung des Schmortopfs gehören neben Lamm und Huhn auch die regional hergestellten Würste *botifarra* (frische Schweinswurst) und *sobresada* (mit Paprika) sowie eine ordentliche Portion Safran. Eine lokale Spielart der unvermeidlichen Paella ist der *arròs marinera*. Für festlichen Charakter sorgt der *arròs de matances,* bei dem auch das Fleisch edler Tiere und Pilze Verwendung finden. Freunde deftiger Fischgerichte sollten sich den reichhaltigen Eintopf *bullit de peix* nicht entgehen lassen, der manchmal auch Rochenfleisch enthält. Auf jeden Fall ist Rochenfleisch die Basis der *borrida de rajada,* zu deren weiteren Ingredienzen Petersilie, Mandeln und natürlich auch Safran gehören.

Ein gern servierter Nachtisch ist der *flaó,* der auf Ibiza mit Minze oder Anis verfeinert wird. Nicht weniger populär ist der Brotpudding *greixonera.*

Der mit Meeresfrüchten angereicherte *arròs marinera* ist typisch für Ibizas Küche

Weinreben gedeihen unter der Sonne auf Ibiza bestens

Im Zeitalter einer rasant steigenden Nachfrage nach regionalen Produkten fallen auch Ibizas Eigengewächse zunehmend positiv auf. Vor allem Olivenöl, Mandeln, Nougat und Marmelade schmecken einfach köstlich.

Von der lokalen Küche einmal abgesehen, können sich Feinschmecker auf eine enorme Bandbreite an Restaurants freuen. Vom einfachen *chiringuito* (Strandhütte) über Tapasbars und Edel-Fast-Food-Kultur (Burger und Sushi!) bis hin zum teuersten Restaurant der Welt ist alles in Hülle und Fülle vorhanden. Besonders erfreulich ist ein Trend zur mediterran-asiatischen Fusionsküche, der auch Platz für Ceviche und Importe aus anderen Regionalküchen lässt.

SEITENBLICK

Die Weinkultur auf Ibiza

Land ist kostbar auf der Insel. Bei 135 000 Einwohnern plus wachsender Touristenströme ist Ibiza weiter weg von der Selbstversorgung denn je. Dies freilich steht der Wertschätzung für lokale Produkte nicht im Wege. Tatsächlich bieten Sonne und nährstoffreiche Böden gute Bedingungen für den Weinbau. Der Bioproduzent Can Rich, Ibizkus oder Sa Cova bauen gute bis exzellente Tropfen an. Dabei gilt es zu beachten, dass der Zeitgeist die Nachfrage nach oben getrieben und das Angebot verknappt hat. Mit anderen Worten: Weinkenner dürften überall bessere und günstigere Tropfen vom Festland finden. Aber diese schmecken eben nicht nach Ibiza.

Feinschmecker sollten sich auf jeden Fall den Zeitraum von Mitte April bis Ende Mai notieren, wenn das Food-Festival Ibiza Sabors stattfindet. Sechs Wochen lang offerieren die teilnehmenden Restaurants Spezialitäten und Tapas zum kleinen Preis, einige komponieren gar eigenes zu diesem Anlass ganze Degustationsmenüs.

Getränke

Der ibizenkische Wein galt lange als eher flach, doch die Winzer machen Fortschritte. Weil die Weintrinker und -kenner für das Terroir-Erlebnis zur Kasse gebeten werden, ist das Preis-Leistungs-Verhältnis bei den Inselweinen nicht ganz so gut wie bei den Festlandweinen.

Wer allerdings bereit ist, den Begriff des Regionalen ein wenig weiter auszulegen, kann auf Produkte aus den katalanischen Spitzengebieten Penedes und Priorat zurückgreifen – oder auch mal die mallorquinischen Weine probieren.

Formidabler Abschluss eines jeden Menüs ist der verdauungsfördernde Kräuterlikör *hierbas,* der im Restaurant oft aufs Haus geht. Erwähnenswert ist zudem der ibizenkische Kaffee aus vorwiegend mild gerösteten Bohnen. Meist wird er als *café solo* schwarz aus kleinen Tassen getrunken – wie ein Espresso. Beliebt ist auch *café caleta* mit einem Schuss Brandy und Rum. Die bekannteste Kaffeerösterei der Insel ist die 1958 gegründete Firma »Cafés Ibiza«, aber etwas Besonderes ist der fair gehandelte Kaffee der jungen Rösterei Meke › **S. 111.**

! Erst-klassig

Restaurants für Genießer

- **La Oliva:** In makellos weißem Interieur gibt es exzellente Fusionsküche auf Basis italienischer Traditionen mit asiatischen Akzenten. › **S. 70**
- **Ke Kafe:** Das wunderbare Restaurant in Eivissa überzeugt mit nordafrikanischen Einflüssen bei der Einrichtung und auf der Speisekarte. › **S. 71**
- **Bistrot de Stephan:** Mitten in der Fußgängerzone von Sant Antoni befindet sich diese Oase kulinarischer Kultiviertheit mit französischen Speisen. › **S. 96**
- **La Veranda by Atzaró:** Hochklassige Interpretationen balearischer Kochkunst serviert dieses schön gelegene Restaurant eines Agroturismos in einer großartigen Gartenlaube. › **S. 110**
- **The Giri Café:** In dem schicken Restaurant mit moderner Fusionsküche und exzellenten Drinks werden vorzugsweise Bioprodukte aus lokalem Anbau verwendet. › **S. 123**
- **Oleoteca Ses Escoles:** Das rustikale Landgut mit der eigenen Ölpresse bezaubert seine Gäste mit fantasievoller regionaler Küche. › **S. 135**
- **Bambuddha Ibiza:** Mediterranasiatische Küche kommt hier an der »Restaurant Road« auf den Tisch. Und anschließend kann man gleich zur Party bleiben. › **S. 135**

Auf einer trockenen Insel wie Ibiza
ist Wasser kostbar, hochgepumpt wird
es mit Windkraft

TOP-TOUREN & SEHENS-WERTES

EIVISSA

Kleine Inspiration

- **Einen Smoothie genießen auf einem Sitzkissen** vor dem Lokal S'Escalinata – und dazu ein Sandwich mit auf der Insel gereiften Avocados › S. 52
- **Die Uferpromenade Carrer Andanes entlangschlendern,** um an der Plaça sa Riba die Kreuzfahrtschiffe zu bestaunen › S. 61
- **Flanierende Passanten beobachten** beim Café solo am Passeig Vara del Rey › S. 65

Ibiza gilt als Party- und Badeinsel. Die Inselhauptstadt aber entspricht diesem Klischee so gar nicht. Wer Eivissa besucht, findet eine altehrwürdige Stadt vor, die auf eine Historie von mehr als 2500 Jahren zurückblickt.

Der Süden Ibizas ist am dichtesten besiedelt. Dort schmiegt sich die Inselkapitale Eivissa an mehrere Buchten. In der Mitte thront auf einem Hügel majestätisch Dalt Vila. Die Altstadt wurde 1999 von der UNESCO als Weltkulturerbe geadelt. Allein ihr Anblick wäre die Reise nach Ibiza wert: Die mittelalterlichen Straßen und Gemäuer sind strahlend schön und von historischer Anmut. Bereits im 7. Jh. v. Chr. von Phöniziern aus Karthago gegründet, ist Dalt Vila heute von imposanten Wehrmauern umschlossen. Enge Gassen und schiefe Treppen führen scheinbar unaufhörlich bergauf, wobei sich Bauwerke aus vielen Jahrhunderten wie selbstverständlich aneinanderreihen. Und inmitten des verwirrenden Geflechts locken immer wieder kleine Bars und Cafés mit Stühlen und Tischen im Freien. In den Lokalen an der Plaça de la Vila sowie im Carrer la Santa Creu könnte man ganze Nächte verbringen. Ach ja, einmal auf dem höchsten Punkt angelangt, ist der Ausblick auf das azurblaue Meer und den Rest der Insel schlichtweg fantastisch.

Ansonsten besitzt Eivissa alle Vorzüge einer lebendigen Stadt, ja trotz ihrer nur 50 000 Einwohner wirkt sie mit all ihren Geschäften, Boutiquen, Restaurants, Bars und Klubs wie eine Minimetropole. Um-

triebig, kreativ und keineswegs museal. Besonders die eleganten Straßenzüge der ebenerdigen Stadtteile S'Eixample, La Marina und Sa Penya bieten alle positiven Eigenschaften moderner Urbanität – und, das sei nicht verschwiegen, auch Schattenseiten wie dichten Verkehr.

Nicht zuletzt wären da noch die Strände, die schnell zu erreichen sind, inklusive des gepflegten Stadtstrands in Figueretes. Mit der Platja d'en Bossa im Südwesten gehört auch einer der Touristenmagneten Ibizas zu Eivissa, der weltweit für gelungene Klubnächte und Beachpartys bekannt ist.

Oben: Sa Penya schiebt sich ins Meer vor
Links: Eivissa heißt Besucher mit seiner herrlichen Altstadtkulisse willkommen

Touren in Eivissa

Rundgang durch Dalt Vila

Route: Portal de ses Taules › Plaça de la Vila › Baluard de San Joan › Plaça dels Desamparats › Baluard de Santa Llúcia › Convent de Sant Cristòfol › Museu Puget › Plaça de la Catedral › Castell Almudaina › Tunél Es Soto Fosc › Plaça de la Vila

Karte: Seite 56
Dauer: 2–3 Std. reine Gehzeit
Praktische Hinweise:
• Die Tour führt über mehr als 100 Höhenmeter (teils schiefe Treppen und holprige Gassen)
• Die Tour ist zu jeder Tages- und Jahreszeit möglich. Wer ein wenig Intimität schätzt, sollte jedoch darauf achten, dass keine Kreuzfahrtschiffe im Hafen liegen (Infos im Monatsmagazin »Ibiza Heute«).
• Museen Mo geschl.
• Lokal S'Escalinata So geschl.

Tour-Start:

Eivissas Altstadt, **Dalt Vila,** ist der ultimative Blickfang der Insel. Als Ausgangspunkt für eine Erkundung drängt sich das mächtige Stadttor **Portal de ses Taules 1** › S. 55 auf. Der historische Zugang zur alten Festungsstadt führt zur kopfsteingepflasterten **Plaça de la Vila 2** › S. 57. Wer vom Platz nach einigen Schritten rechts abbiegt, gelangt,

vorbei am architektonisch interessanten **Museu d'Art Contemporani d'Eivissa 4** › S. 57, auf die Bastion **Baluard de Sant Joan 3** › S. 57, die einen plastischen Eindruck von der Wehrhaftigkeit der Altstadt vermittelt. Man folgt dem Carrer de Comte del Roselló auf der Stadtmauer bis zur kleinen Plaça del Sol und links am Baluard de Sant Pere der breiten Steintreppe *(escala)*. Nach der Verschnaufpause im Lokal S'Escalinata, geht es über die Carrer Santa Anna, Sant Lluís, Penya und Sant Rafel durch herrliche Altstadtgassen hinunter zur **Plaça dels Desamparats 5** › S. 58, wo man sich im Schatten der Bäume einen *café solo* gönnt. Rechts steigt man über eine steile, schmale Treppe hinauf zur Bastion **Baluard de Sant Llúcia 6** › S. 58, die einen formidablen Rundumblick freigibt. Wieder unten hält man sich links, passiert auf dem Carrer General Blanzat die Dominikanerkirche, das im Kloster nebenan residierende Rathaus von Eivissa und die palmenbestandene Plaça d'Espanya. Der Carrer de Pere Tur und der Carrer Joan Roman führen aufwärts zum Augustinerkloster **Sant Cristòfol 7** › S. 59. Über die holprige Gasse links erreicht man den Carrer Major und vorbei am eleganten Stadtpalast mit dem **Museu Puget 8** › S. 59 die Kathedrale **Santa Maria de les Neus 9** › S. 59 am höchsten Platz des Altstadthügels, der Plaça de la Catedral. Ebenso spektakulär wie die Aussicht von hier oben ist der

Rückweg. Hinter der Kathedrale und dem karmesinroten Trakt des **Castell Almudaina** 11 › S. 60 führt eine Treppe durch die Stadtmauer auf einen Parkplatz. Hier befindet sich der Eingang zum imposanten **Túnel del Soto Fosc** 12 › S. 60, der unterirdisch zur Plaça d'Espanya führt. Dann geht es an der frischen Luft stadtabwärts weiter zum Carrer d'Ignasi Riquer und zur **Plaça de la Vila** 2 › S. 57, wo man sich zum Abschluss in einem der Lokale iberischer Lebensfreude hingibt.

 ## Von Sa Penya nach Eixample

Route: Carrer Andanes › Plaça sa Riba › Casa Broner › Plaça de la Constitució › Teatro Pereyra

Karte: Seite 56
Dauer: 2–3 Std., etwa 3 km
Praktische Hinweise:
• In den oberen Straßenzügen von Sa Penya wird offen mit Drogen gehandelt, besser nicht alleine und in der Dunkelheit durch das Viertel streifen. Der Weg zur Casa Broner aber ist sicher.
• Casa Broner Mo geschl.

Tour-Start:
Über die geschäftige Uferstraße **Carrer Andanes** 13 › S. 61 gelangt man in östlicher Richtung zur **Plaça sa Riba** 14 › S. 62. Hier, wo Ibiza zu Ende scheint, steht eine wunderschöne Häuserzeile. Ein Schleichweg führt an ihrer Hinterseite entlang zur **Casa Broner** 15 › S. 62, zur sehenswerten Villa des deutschen Architekten Erwin Broner mitten im alten Fischerviertel Sa Penya. Anschließend bahnt man sich auf dem schmalen Carreró de Sa Penya den Weg durch das verschachtelte Häuserlabyrinth bis zum Carrer de la Mare de Déu. Über die **Plaça de la Constitició** 16 › S. 63 mit ihrer kleinen Markthalle und zahlreichen Cafés und den Carrer d'Annibal führt der Weg durch das Hafenviertel **La Marina** in die bürgerliche Neustadt **S'Eixample.** Dort kann man die Tour im **Teatro Pereyra** 17 › S. 64 bei einem *Café solo* oder beim Tanzen ausklingen lassen.

 ## Vom Hafen zur Platja d'en Bossa

Route: Marina Botafoch › Passeig Vara del Rey › Puig des Molins › Figueretas › Platja d'en Bossa

Karte: Seite 56
Dauer: ½ Tag, ca. 8 km
Praktische Hinweise:
• Kostenlose Parkplätze sind rar in der Stadt, stehen aber an der Marina Botafoch sehr wohl zur Verfügung. Dabei gilt wie immer: Was man nicht im Auto lässt, kann auch nicht gestohlen werden.
• Die Rückfahrt von der Platja d'en Bossa nach Eivissa mit dem Taxi kostet 10–15 €.
• Museum Puig des Molins Mo geschl.

Tour-Start:

Die Neustadt von Eivissa beherbergt mit der **Marina Botafoch 20** › S. 66 den Hafen für die großen Jachten, das legendäre Pacha und schicke Restaurants wie Ferran Adriàs Heart. Der Ort im nördlichen Hafenbereich eignet sich perfekt als Ausgangspunkt für einen langen Spaziergang, der die Vielseitigkeit Eivissas vor Augen führt. Zunächst geht es über die schön ausgebaute Hafenpromenade vorbei an einigen Bootshäusern. Es folgt eine kleine Brache, die flugs in jenen Teil des Hafens übergeht, in dem die Fähren nach Formentera ablegen. Bald darauf ist mit dem **Passeig Vara del Rey 18** › S. 65 der Vorzeigeplatz der Stadt erreicht. Nette Cafés unter Palmen locken zum Verweilen. Von hier aus ist es nicht weit über den Carrer de Joan Xicó und die Via Romana zum **Puig des Molins 19** › S. 65, dem Mühlenhügel, mit der phönizischen Nekropole, die zum UNESCO-Weltkulturerbe gehört. Man bummelt dann über die geschäftigen Straßen Via Romana und Avinguda d'Espanya weiter bis links der ruhigere Carrer Ramón Muntaner abzweigt. In den Gärten blühen rosa Oleander und violette Bougainvilleen. Allmählich riecht und schließlich sieht man das Meer. Mediterrane Urlaubsstimmung vermittelt der Stadtstrand **Figueretes 21** › S. 66 der nach kurzer Unterbrechung in die legendäre **Platja d'en Bossa 22** › S. 67 übergeht. Neben berüchtigten Party-Etablissements wie dem Bora Bora gibt es hier aber auch High-Society-Häuser wie das Ushaïa und das Hard Rock Hotel. Hier endet die vielseitige Parforcetour durch Ibizas Hauptstadt.

Unterwegs in Eivissa [D3]

Der Hafen von Eivissa hat schon viele Urlauber und Kreuzfahrtpassagiere überrascht, denen zwar die gängigen Ibizaklischees geläufig sind, aber die lange zurückreichende Geschichte der Insel kaum bewusst ist. Mit strahlenden Gesichtern raunen sie einander zu: »Was ist das denn. Das habe ich ja hier gar nicht erwartet«.

Hochgelegen und von festen Mauern geschützt, zieht Dalt Vila zunächst alle Augen auf sich. Doch weite Teile des wahren Lebens von Eivissa spielen sich mehrere Etagen tiefer ab: in Sa Penya und La Marina, den Altstadtvierteln zwischen Dalt Vila und Hafen, sowie weiter westlich in den rechtwinklig angelegten Straßen von S'Eixample, der Stadterweiterung aus dem 19. Jh., und in den Fußgängerzonen der Neustadt.

Dalt Vila ⭐

Die Altstadt von Eivissa wird allgemein als Dalt Vila bezeichnet, was auf Katalanisch ebendies bedeutet. Das Territorium ist klar umrissen

In Eivissa kann man beim Stadtbummel viele hübsche Gassen entdecken

und zugleich unveränderbar, da es von den mächtigen Stadtmauern begrenzt wird.

Die Geschichte der Festung reicht bis ins 7. Jh. v. Chr. zurück, als die Phönizier die Insel von Nordafrika aus besiedelt hatten. Mehr als 1500 Jahre später entstanden unter den Mauren vom 9. bis 13. Jh. die gewaltigen Stadtmauern. Unter der Ägide des spanischen Königs Felipe II. wurden sie Mitte des 16. Jhs. zum Schutz vor den zunehmenden Piratenüberfällen so weit verstärkt, dass sie auch Artillerieangriffen standhalten konnten. Aus dieser Zeit stammen die mächtigen Bastionen. Die Renaissancemauer war für die UNESCO der Hauptgrund, Dalt Vila zum Weltkulturerbe zu erklären.

Vorwiegend weiß verputzt sind die Wohnhäuser in Dalt Vila, einige mit gelb eingefassten Fensteröffnungen, grünen Fensterläden und schmiedeeisernen Balkonen. Hier und da schmückt eine pink blühende Bougainvillea die Mauern. Derzeit werden viele Bauten in der Hoffnung auf hohe Profite kernsaniert. Für die alteingesessene Bevölkerung wird es daher immer schwieriger, sich die Behausungen leisten zu können – und vor allem die oberen Straßen mit Leben zu erfüllen. Zuletzt wurden weniger als 1000 ständige Bewohner in Dalt Vila gezählt. Für den Durchgangsverkehr ist die ohnehin enge Altstadt gesperrt.

Portal de ses Taules **1** [d2]

Das eindrucksvolle Stadttor Ses Taules gewährt den Zutritt zur stolzen Altstadt über eine massive Rampe aus Stein und eine Zugbrücke. Über dem Portal erinnert eine Steinplatte an den Auftraggeber, Spaniens König Felipe II., und die Fertigstellung des Tores im Jahr 1585. Flankiert wird es in Gedenken an eine weitere wichtige Epoche der Inselgeschichte von den Repliken zweier römischer Statuen. Durch den auf einer Seite von Arkaden mit gewaltigen Rundbögen überspannten Waffenhof *(Patio de Arma)* führt das Tor zur Plaça de la Vila.

Der Weg ist so imposant, dass man ihn sich auf keinen Fall entgehen lassen darf. Das Bauwerk wurde 1989 komplett instand gesetzt. Mittlerweile wird das Einfallstor nach Dalt Vila auch nicht mehr von Piraten, sondern eher von Gauklern oder Feuerschluckern belagert.

Plaça de la Vila 2 [c/d2]

Auf diesem Platz unmittelbar an der Stadtmauer spielte sich einst das merkantile und gesellschaftliche Leben von Dalt Vila ab. Die Vielzahl an Restaurants, Cafés und Bars beweist, dass auch die Menschen der Gegenwart diesen atmosphärischen Ort zu schätzen wissen. Besonders dort, wo die Plaça in den Carrer la Santa Creu übergeht, lässt sich das ibizenkisch lässige Leben bis in die Nachtstunden genießen.

Baluard de San Joan 3 [c/d2]

Die größte Bastion der Festung ist zum Hafen und somit nach Norden hin ausgerichtet. Wer hier steht, blickt einerseits auf die Dächer und Terrassen von La Marina, andererseits auf die jahrhundertealten, unrhythmisch emporragenden, verschachtelten Wohnhäuser von Dalt Vila, deren dominante Weißtöne dem mitteleuropäischen Auge so schmeicheln.

Museu d'Art Contemporani d'Eivissa (MACE) 4 [d2]

Der kühne Gebäudekomplex unmittelbar neben der Bastion begeis-

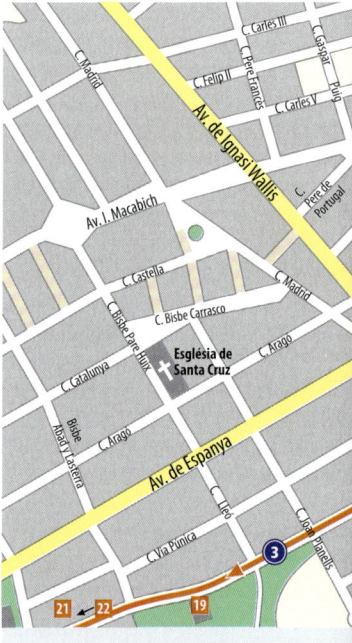

Unterwegs in Eivissa

Tour ①

Rundgang durch Dalt Vila

Ses Taules › Plaça de la Vila › Baluard de San Joan › Plaça dels Desamparats › Baluard de Santa Llúcia › Convent de Sant Cristòfol › Museu Puget › Plaça de la Catedral › Castell Almudaina › Tunél Es Soto Fosc › Plaça de la Vila

tert durch die Kombination aus einem Altbau mit dicken Mauern (1727) und neuen weiß verputzten, durch große Fensterflächen aufgebrochene Betonwürfel. Die Ausstellungssäle gewähren einen Überblick über die heimische Kunst. Diesbezüglich ist die Behauptung zulässig, dass die Architektur interessanter als die Sammlung ist.

Tour ②

Von Sa Penya nach Eixample

Carrer Andanes › Plaça sa Riba › Casa Broner › Plaça de la Constitució › Teatro Pereyra

Tour ③

Vom Hafen zur Platja d'en Bossa

Marina Botafoch › Passeig Vara del Rey › Puig des Molins › Figueretas › Platja d'en Bossa

1 Portal de ses Taules	**14** Plaça sa Riba
2 Plaça de la Vila	**15** Casa Broner
3 Baluard de San Joan	**16** Plaça de la Constitució
4 Museu d'Art Contemporani d'Eivissa (MACE)	**17** Teatro Pereyra
	18 Passeig Vara del Rey
5 Plaça dels Desamparats	**19** Puig des Molins
6 Baluard de Santa Llúcia	**20** Marina Botafoch
7 Convent de Sant Cristòfol	**21** Figueretes
8 Museu Puget	**22** Platja d'en Bossa
9 Catedral de Santa Maria de les Neus	
10 Museu Arqueológic (MAEF)	
11 Castell Almudaina	
12 Túnel del Soto Fosc	
13 Carrer Andanes	

Auch von der Plaça dels Desamparats hat man die Kathedrale immer im Blick

Der Weg in die Untergeschosse führt derweil hinunter in die Vergangenheit von Eivissa: Hier wurden zahlreiche Zeugnisse aus den früheren Epochen der Besiedlung, von den Phöniziern (6 Jh. v. Chr.) über die Römer (1 Jh. n. Chr.) bis hin zu den Mauren (10–12. Jh.), freigelegt (Ronda Narcís Puget, Tel. 971 30 27 23, www.mace.eivissa.es, Juli/Aug. Di–Fr 10–14 und 18–21, Sa/So 10–14, April–Juni, Sept. Di bis Fr 10–14 und 17–20, Sa/So 10 bis 14, sonst Di–Fr 10–16.30, Sa/So 10–14 Uhr).

Plaça dels Desamparats 5 [d2]

Die Plaça dels Desamparats ist umringt von Wohnhäusern aus verschiedenen Epochen. Fast alle sind weiß oder in hellen Pastelltönen gestrichen, wobei die Fensterrahmen mit ihren blauen oder gelben Umrandungen für Farbtupfer sorgen. Auf der Plaça lebt der ibizenkische Gelehrte Isidor Macabich (1883–1973), Autor einer »Großen Geschichte Ibizas«, in Form einer Skulptur weiter. Den Platz an der Sonne teilt er sich mit den Gästen einer Handvoll Lokale und dem pastellgrünen La Ventana, einem der wenigen Hotels in Dalt Vila.

Baluard de Santa Llúcia 6 [e2]

Im Nordosten der Plaça dels Desamparats führt eine Treppe zum Baluard de Santa Llúcia hinauf, dem bei Besuchern beliebtesten Bollwerk. Der Blick über La Penya, den Hafen und zur Kathedrale Santa Maria ist ebenso formidabel wie der hinüber zur Nachbarinsel Formentera. Kanonen rufen die ursprüngliche strategische Bedeutung in Erinnerung.

Convent de Sant Cristòfol **7** [c3]

Der Konvent der Augustinerinnen in Dalt Vila ist in einem ehrwürdigen Gebäude untergebracht, wäre aber wohl nicht weiter erwähnenswert, wenn die Damen nicht ihre Backwaren zum Verkauf anbieten würden. Ihr Angebot umfasst Pizza sowie diverse schmackhafte Kuchensorten. Wenn die Tür geschlossen sein sollte, ermöglicht eine Klingel den Zugang. Während der ausgeschilderten Gebetszeiten aber sollte diese nicht betätigt werden (Carrer de Sant Ciriac, tgl. 10 –15 und 16.30–18.30 Uhr).

Museu Puget **8** [c3]

Das den ibizenkischen Künstlern Narciso Puget, Vater und Sohn, gewidmete Museum ist in einem katalanisch-gotischen Stadtpalast aus dem 15. Jh. untergebracht. Besonders auffällig ist das elegante Rundbogenfenster an der Fassade. Man sollte wenigsten einen Blick in den Innenhof mit einem schönen Holzbalkon und imposanten Treppenanlagen werfen.

Die Ausstellung ist in den umliegenden Räumen untergebracht. Dem vom Impressionismus beeinflussten Narcís Puget Viñas (1874 bis 1960) gelingt es mit seiner figurativen Bildsprache besser als seinem Sohn und Schüler Narcís Puget Riquer (1916–1983) das Inselleben einzufangen (Carrer Mayor 18, Tel. 917 39 31 37, www.mace.eivissa.es, Juli/Aug. Di–Fr 10–14 und 18–21, Sa/So 10–14, April–Juni und Sept. Di–Fr 10–14 und 17–20, Sa/So 10 bis 14, sonst Di–Fr 10–16.30, Sa/So 10–14 Uhr).

Catedral de Santa Maria de les Neus **9** [d3]

In der exponierten Lage am höchsten Punkt des Stadthügels sind der Kathedrale viele Bauwerke vorausgegangen, die ihrerseits die Inselhistorie in Kurzform erzählen – darunter ein römischer Tempel und eine Moschee. Die heutige Kathedrale, die der hl. Maria zum Schnee geweiht ist, stammt aus dem 18. Jh. Lediglich der Glockenturm ist ein Relikt der gotischen Kirche aus dem 14. Jh. Wer sich im Innern umschaut, entdeckt einen interessanten Hinweis auf eine dramatische Epoche der spanischen Geschichte, die noch nicht so lange zurückliegt: Hinten im Kirchenschiff nennt eine Tafel die Namen republiktreuer Ibizenker, die im Spanischen Bürgerkrieg fielen. Gelegentlich starren Insulaner wie gebannt darauf – ein deutliches Indiz dafür, dass die Historie Ibizas mit wechselnden Vorherrschaften auch in der Gegenwart noch ein Thema ist (Plaça de la Catedral, tgl. 10–14 und 17–20 Uhr).

Museu Arqueológic (MAEF) **10** [d3]

Das im 12. Jh. errichtete Gebäude neben der Kathedrale war einst der Sitz der autonomen Inselverwaltung *(universitat),* die im 19. Jh. abgeschafft wurde. Nun beherbergt es das Archäologische Museum mit einer reichen Sammlung zur langen Geschichte der Inseln Ibiza und Formentera – bedeutend sind vor allem die Grabungsfunde aus den vorchristlichen Siedlungen und Nekropolen der Phönizier – etwa Sa Caleta › **S. 81** und Puig des Molins › **S. 65**. Die Ausstellung bietet eine Reise zum Thema Tod früherer ibizenkischer Generationen an – von den Phöniziern bis zu den Mauren. **50 Dinge** ㉞ › **S. 16**. Der Besuch lohnt sich auch wegen der herrlichen Aussicht durch das riesige Panoramafenster an der Rückseite. Das Museum unterhält eine Dependance am Puig des Molins (Plaça de la Catedral, www.maef.es, April bis Sept. Di–Sa 10–14 und 18.30–21, So 10–14, sonst Di–Sa 9.30–15, So 10 bis 14 Uhr, Eintritt 2,40 €).

Castell Almudaina 🔢 [d3]

Direkt hinter dem Kirchplatz (Plaça de la Catedral) weckt der Anblick der Burg bei Besuchern die Hoffnung, dass sich ihm in bester Lage nun das Juwel der Insel schlechthin öffne. Tatsächlich hätte das Gebäude zumindest in architektonischer Hinsicht das Zeug dazu. Doch das

aus dem 16. Jh. stammende Kastell Almudaina ist seit 2007 Gegenstand einer Seifenoper › **Seitenblick**.

Túnel del Soto
Fosc 🔢 [d3–e2]

Unterhalb vom Castell Almudaina, am Fuße des Baluard Sant Bernat liegt der Eingang zu einem Tunnel aus der Zeit des Spanischen Bürgerkriegs, der als Fluchtweg und Zufluchtsort diente. Er verbindet das außerhalb der Festungsmauern liegende Stadtviertel El Soto Fosc mit der Plaça d'Espanya, an der sich mitten in Dalt Vila das Rathaus befindet. Das Gefälle im unterirdischen Gang ist enorm.

Sa Penya

Die Einheimischen lieben das ehemalige Fischerviertel auf dem Landzipfel zwischen Dalt Vila und Hafen. Aber auf nur wenigen Hundert Metern manifestieren sich hier erhebliche Widersprüche: Carrer Enmig, Carrer Cipriano Garijo und

Parador von Ibiza

Wie eine Akropolis thront oben auf dem Berg von Eivissa eine Burg. Für ein solch gewaltiges Bauwerk existiert im 21. Jh. selten eine adäquate Nutzung. In Spanien fand der Staat die elegante Lösung, historisch wertvolle Bauwerke in exponierter Lage in Luxushotels umzuwandeln. Als Würdigung für die Ernennung von Dalt Vila zum Weltkulturerbe 1999 sollte in Eivissa ein (vorerst) letzter dieser Paradores entstehen. Eine schöne Idee, deren Komplexität jedoch erheblich unterschätzt wurde: Zu viele Baustile und -strukturen sowie archäologische Funde erschwerten die Arbeiten und sprengten das Budget. Seit 2011 ruhten die Arbeiten. Erst Ende 2015 bewilligte das spanische Tourismusministerium weitere Gelder. Seitdem lebt die Hoffnung wieder, dass 72 Suiten ohne weitere Verzögerungen bis spätestens 2020 bezugsfertig sind.

Verschachtelte Häuser charakterisieren das ehemalige Fischerviertel Sa Penya

Carrer de la Mare de Déu sind lebendige Straßen, in deren hübsch renovierten Häusern sich kleine Boutiquen, gemütliche Bars und urige Restaurants aneinanderreihen. Die höher gelegenen Gassen erinnern indes noch an das Problemviertel, das Sa Penya mal war. Viele der Häuser in dritter und vierter Reihe wurden vor vielen Jahren besetzt, manche sind ziemlich heruntergekommen. Trotz aller Bemühungen und Verbesserungen, wird hier offen mit Drogen gehandelt. Zuweilen rücken ganze Einheiten der Guardia Civil vom spanischen Festland an, um den Weg für Investoren freizumachen. Die Razzien zeigten bislang jedoch nicht den gewünschten Effekt. Also noch ist der Siegeszug des Tourismus auf Ibiza nicht abgeschlossen. Wer auf Nummer sicher gehen will, meidet Sa Penya abseits der Einkaufsstraßen – vor allem allein und nach Einbruch der Dunkelheit.

Carrer Andanes 13 [c1–e1]

Auf der verkehrsarmen Hafenpromenade Carrer Andanes kann man von Sa Penya nach La Marina flanieren und unterwegs schwelgen: »Es wäre doch schön, hier mal das Bötchen nach Formentera zu besteigen«. Oder mit Blick auf die Jachten in der Ferne: »Was würde ich dafür geben, das Leben eines Promis zu führen«. In den vielen Uferlokalen, die fast alle nur von Mitte Mai bis Ende September geöffnet haben, lassen sich Gedanken dieser Art bei Cocktails und sonorem Pluckern der inseltypischen Lounge-Musik ins Endlose vertiefen.

Plaça sa Riba **14** [e1]

Der Platz im äußersten Osten von Sa Penya besitzt eine unerwartet fotogene Rückseite: Über die Klippen der Südflanke ragt eine Reihe schöner Wohnhäuser hinaus. Eine kleine Treppe führt hinauf zu einem Trampelpfad, der keineswegs für die Öffentlichkeit gesperrt ist, wie es ein privat angebrachtes Schild suggeriert. Vielmehr sind die zum Teil deutschen Bewohner der Premiumimmobilien bestrebt, die Konsumenten illegaler Rauchwaren abzuschrecken. Mit anderen Worten: Wer sich unauffällig benimmt, kann ohne das Risiko von Anfeindungen mal eine neue Perspektive auf Dalt Vila riskieren.

Casa Broner **15** [e1]

Auch wenn sich die Casa Broner bereits im problematischen Teil von Sa Penya befindet, der Weg dorthin ist sicher. Die Casa Broner schmeichelt dem Auge besonders von der Seeseite. Doch das Wohnhaus des aus München stammenden Architekten Erwin Broner (1898–1971), eigentlich Heilbronner, besticht neben seiner exquisiten Lage durch eine moderne Formensprache in Nachfolge des Bauhausstils und der traditionellen Inselarchitektur. **!** Wer die 1960 fertiggestellte Villa besichtigt, gerät unweigerlich ins Schwärmen: »Was wäre es doch schön gewesen, damals auf der Insel zu leben«. Kubische Formen und die Farbe Weiß dominieren die Außenansicht. Leicht und luftig öffnen sich die Räume mit großen Fenstern zum Meer (Carreró de Sa Penya 15,

Tel. 971 39 92 32, www.mace.eivissa.es, Juli/Aug. Di–Fr 10–14 und 18 bis 21, Sa/So 10–14, April–Juni und Sept. Di–Fr 10–14 und 17–20, Sa/So 10–14, sonst Di–Fr 10–16.30, Sa/So 10–14 Uhr. Eintritt frei).

La Marina

Die Bewohner von Eivissa *(eivissencs)* nennen den Hafen allgemein La Marina. Dieser besteht aus mehreren Bereichen: Von den Kaimauern direkt in der Stadt starten die Schiffe nach Formentera und zu anderen Inselhäfen. Vor der eigent-

Blick von Dalt Vila über die Dächer von

lich viel zu kleinen Plaça sa Riba in Sa Penya legen die riesigen Kreuzfahrtschiffe an. Die gegenüberliegende Halbinsel im äußersten Nordosten des Hafens dagegen steuern die großen Frachter sowie Autofähren an. Westlich davon ist schließlich die Marina Botafoch die Anlaufstelle für die Jachten der Schönen und Reichen.

Im engeren Sinne ist mit La Marina das alte Hafenviertel im Norden von Dalt Vila, zwischen dem alten Fischerviertel Sa Penya im Osten und der Neustadt Eixample im Westen gemeint.

Plaça de la Constitució 16 [d2]

Inmitten des Platzes steht der Mercat Vell von 1873, eine seitlich offene Säulenhalle mit einigen Marktständen. Doch heute ist der einstige Mittelpunkt des Handels im Hafenviertel eher ein Ort des gepflegten Müßiggangs. Dazu tragen die umliegenden Cafés maßgeblich bei.

S'Eixample

Wer Barcelona kennt, hat auch schon von Eixample gehört. Eivissa folgte dem Vorbild der bürgerlichen

La Marina und Sa Penya auf den Hafen von Eivissa

Ibiza-Style gratis

....

- **Casa Broner:** In der licht- und luftdurchfluteten Villa in Eivissa darf sich jeder Besucher bei freiem Eintritt wie die Reichen und Schönen der Insel fühlen. › S. 62
- **Teatro Pereyra:** Mit Livemusik und Tanz in eine lange Nacht zu starten ist ein kostenloses Vergnügen, wenn man auf teure Drinks verzichtet. › S. 64
- **Promenadenjoggen:** Bei einer morgendlichen Fitnesseinheit auf dem Boulevard am Meer kann man Sant Antoni garantiert frei von laut feierndem Partyvolk genießen. › S. 92
- **Ibiza-Klassiker:** Unterhalb vom Café del Mar in Sant Antoni kann man auf Logenplätzen dem inseltypischen Chill-out-Sound kostenlos lauschen. › S. 93
- **Sonnenuntergang in der Cala Gració** [C2]: Kaum irgendwo auf der Insel senkt sich die Sonne so melodramatisch ins Meer wie hier – pure Romantik, umsonst und draußen.
- **Schwimmen in den Sonnenaufgang:** Die Bucht von Sant Vicent öffnet sich gen Osten, sodass Frühaufsteher herrlich in den Sonnenaufgang hinaus schwimmen können. › S. 121
- **Balanceakt:** Bei Pou des Lleó überspannt eine Natursteinbrücke das Wasser. Ein kleiner Nervenkitzel für Schwindelfreie, der nur etwas Mut kostet. › S. 143

Planstadt aus dem 19. Jh. Und auch wenn diese hier ungleich kleiner ausfällt, so erinnern die großzügigen geraden Straßenzüge und breiten Fußgängerzonen durchaus an die katalanische Metropole – nicht zuletzt wegen der eleganten Stadtpaläste, die sich einige betuchte Ibizenker damals gönnten. Heute dienen sie vielfach Gastronomie und Einzelhandel. Die vielen Flagship-Stores der Riesenklubs versuchen hier ihre Gefolgschaft durch den Verkauf modischer Utensilien zu erweitern. Die Avinguda Bartomeu de Roselló und der Carrer de Bartomeu Vicent Ramon, die sich an der Südwestecke des Hafenbeckens treffen, sind so etwas wie die Nobelmeilen Eivissas. Hier findet man die global agierenden Boutiquen mit Platzbedarf, darunter Replay, Zara oder Carharrt.

Teatro Pereyra 17 [c2]

Ein Ort für alle Tageszeiten ist das altehrwürdige Teatro Pereyro, das so aussieht als wäre es aus Havanna oder Bogota hierher importiert. Auf die Aura des Kolonialzeitalters scheinen sich hier auf der Insel alle einigen zu können, denn ! das zum Liveklub umfunktionierte Schauspielhaus ist Abend für Abend voll. Das liegt zum einen an der gekonnten Programmierung (mit viel Latino-Musik), zum anderen am kostenlosen Eintritt. Diesen Bonus gleichen die gepfefferten Preise für Drinks dann aber locker wieder aus. Hier treffen sich Clubber zum Vorglühen, doch auch die Klone von Traumschiff-Stewards, Salsatänzerinnen und Touristen fühlen sich hier wohl. Klingt nach einem kommunikativen Abschluss für einen Bummel? Genau! (Conde Roselló 3, Tel. 971 30 44 32, www.teatroperey ra.com, tgl. von 8–4 Uhr).

Passeig Vara del Rey 18 [b2–c1]

Der Passeig Vara del Rey ist ein von Oleanderbäumen gesäumter großzügiger Platz aus der Zeit der bürgerlichen Stadterweiterung Ende des 19. Jhs. An der Ecke zum Carrer de Comte de Rosselló steht der ultimative Prachtbau des Viertels: das Gran Hotel Montesol aus dem Jahr 1933, das zurzeit renoviert wird.

Puig des Molins 19 ★ [a3]

Südwestlich von Dalt Vila erhebt sich der Puig des Molins, der inmitten der Stadt einen seltsam unbebauten Eindruck macht. Von den aus dem 16. Jh. stammenden Mühlen, nach denen der Hügel benannt ist, sind noch einige in dem zersiedelten Wohngebiet zu entdecken, das sich südlich vom Carrer de Luci Oculaci in Richtung Küste ausbreitet. Ihr Zustand allerdings ist beklagenswert.

Absolutes Highlight ist jedoch die archäologisch bedeutende Nekropole, die im Jahr 1946 zufällig entdeckt und 1999 zum UNESCO-Weltkulturerbe erklärt wurde. Die Totenstadt geht auf die Phönizier im 7. Jh. v. Chr. und damit bis in die Anfänge der Besiedlung von Ibiza zurück. Mit 10 000 m² und mehr als 3000 Gräbern ist sie die größte ihrer Art weltweit. Die teils natürlichen, teils künstlich geschaffenen Grabhöhlen wurden später auch von den Römern genutzt.

Inzwischen haben Archäologen um die 400 Grabkammern freigelegt. Dabei fanden sie Schmuck, be-

Artefakte längst vergangener Zeiten sind im Museum am Puig des Molins zu bewundern

malte Straußeneier, Waffen, Werkzeuge und Münzen sowie eine Büste der Göttin Tanit. Die jahrtausendealten Schätze können am Fuß des Mühlenhügels im **Museu Monogràfic**, einer 2012 eröffneten Dependance des Archäologischen Museums › S. 59, bewundert werden. Die Ausstellung gewährt, unterstützt von modernen Audio- und Videoinstallationen erhellende Einblicke in die interessante und lange Historie der Nekropolis. Neben den Gräbern und Kenotaphen der Phönizier werden die besonders aufwendigen Beerdigungen der Punier (6.–1. Jh. v. Chr.) und die römischen Bestattungsriten bis zur Spätantike (700 n. Chr.) dokumentiert. Auch eine Grabkammer (mit Skeletten!) kann besichtigt werden. Das riesige Areal hinter dem Museum ist frei zugänglich (Vía Romana 31, Eivissa, www. maef.es, April–Sept. Di–Sa 10–14 und 18.30–21, So 10–14, sonst Di bis Sa 9.30–15, So 10–14 Uhr, 2,40 €).

Stadtnahes Strandleben in Figueretes

Marina Botafoch 20 [D3]

Klar, die Altstadt von Eivissa zieht alle Blicke auf sich. Nirgendwo aber ist die Aussicht auf die Wehrmauern und den dicht bebauten Hügel so gut, wie von der gegenüberliegenden Hafenpromenade. Diese scheint in erster Linie von Joggern und Flaneuren genutzt zu werden. **50 Dinge** 31 › S. 15. Doch hier, in sicherem Abstand zum UNESCO-Weltkulturerbe, lassen sich auch gern die Reichen und Schönen blicken: Einen Block landeinwärts, bittet das legendäre **Pacha** 3 › S. 73 zum Tanz. Und im Wasser liegen die teilweise überdimensional großen Jachten der wohlbetuchten (Dauer-) Gäste der Insel.

Das bleibt für den örtlichen Einzelhandel nicht ohne Folgen: Hier kann man Boote für fünfstellige Wochenmieten chartern. In den Hafenboutiquen haben sich Modeschöpferinnen wie Stella McCartney niedergelassen. Und Ferran Adrià, der große Küchenrevolutionär der Molekularküche, verwöhnt nun seine Gäste auf Ibiza im Restaurant Heart.

Figueretes 21 [D3]

Im nahen Figueretes beginnt der nächstgelegene Stadtstrand. Und hier stoßen mit der geschichtsträchtigen Altstadt und dem touristischen Süden Eivissas zwei äußerst widersprüchliche Welten aufeinander. So verbreitet eine schöne und

Hotels, Klubs und Palmen säumen die Platja d'en Bossa

zudem autofreie Palmenpromenade spontan Urlaubsstimmung, doch andererseits ist die gut 400 m breite Bucht auch von brachialen Hochbauten und Billiglokalen (Paella! Sangria!) gezeichnet.

Platja d'en Bossa

  [D3]

Der Strand ist mit 3 km Länge durchaus weitläufig, was aber in diesem Fall keineswegs mit einsam gleichzusetzen ist. Der Strand zieht ein buntes Publikum an, das aus zwei klar erkennbaren Gründen auf die Insel fliegt: zum Feiern und zum Sonnenbaden. Die Partys beginnen hier bereits in den Mittagsstunden. Die Lage in der Einflugschneise des Flughafens stört da kaum. Und viele staunende Ibizaurlauber lassen sich von der Stimmung mitreißen.

Eine bekannte Adresse etwa ist das Bora Bora, das sich bereits auf dem Territorium der Gemeinde Sant Josep befindet: Die lauten Beats sind schon von Weitem zu hören. Knapp bekleidete Urlauber tanzen dazu – egal ob im Wasser oder auf den Tischen, am liebsten mit wenigstens einem Drink in der Hand. Das kann je nach Laune (und Alkoholpegel) lustig sein oder nerven. Gewöhnungsbedürftig ist es auf jeden Fall.

Deutlich hochpreisiger und etwas niveauvoller geht es weiter strandaufwärts in Beachklubs wie dem Lips, dem Ushuaïa oder dem Coco Beach zu. Und im neuesten Hochbau an der Platja d'en Bossa feiert man sogar gänzlich ohne elektronische Musik. Tja, auch der Jetset ist vor dem Altern nicht gefeit: Das Hard Rock Hotel läuft so gut, dass die Gäste während der Hochsaison bis zu 10 000 Euro pro Nacht und Suite zahlen.

Erst dahinter verläuft sich der Trubel. Und der feine Sandstrand geht – so wie früher – in duftende Pinienwälder über.

Infos

Oficina Informació Turistica (O.I.T.)
Vara del Rey
- Passeig Vara del Rey
  Tel. 971 30 19 00
  www.ibiza.travel/de
  Mo–Sa 9–20, So 9–14 Uhr

O.I.T. del Aeropuerto de Ibiza
- Ankunftsterminal des Flughafens
  Tel. 971 80 91 18
  www.ibiza.travel/de
  Mo–Sa 9–15.30 Uhr

O.I.T. La Cúria
- Plaça de la Catedral | Eivissa
  Tel. 971 39 92 32 | www.eivissa.es
  Juli/Aug. tgl. 10–14 und 18–21, April
  bis Juni, Sept. tgl. 10–14 und 17–20,
  Okt.–März Mo–Fr 10–15, Sa/So 10 bis
  14 Uhr

Führungen

Das Angebot der Vereinigung lokaler
Fremdenführer *(apitif)* reicht von historischen Touren durch Dalt Vila bis zu
nächtlichen Wanderungen durch Man-
delbaumhaine. Die Guides sind geprüft
und sprechen teils auch Deutsch.
- Tel. 687 88 97 93
  www.guiasibiza.com

Verkehrsmittel

Aeropuerto de Ibiza (IBZ)
Der Flughafen der Insel liegt 7,5 km
südwestlich von Eivissa.
- Sant Jordi de Ses Salines
  Tel. 913211000 | www.aena.es

Schiffe: Von den Kais am Carrer Ande-
nes verkehren Fähren und Shuttleboote
nach Santa Eularià, zur Platja d'en Bossa und nach Formentera (Fahrtzeiten

und Taktung je nach Saison). Von den
Anlegern der Avinguda de Santa Eularià
starten Fähren nach Formentera (Trasmapi, mit und ohne Auto, www.trasma
pi.com; Balearia-Personenfähren, www.
balearia.com). Balaria-Autofähren legen
an der Marina Botafoch ab. Zurzeit existieren Pläne, auch die anderen Fähren
an den Rand des Hafens zu verlegen,
doch die Bevölkerung protestiert.

Busse: Die Buslinie 10 verkehrt zwischen Flughafen und Hafenpromenade
(3,50 €). Das Busterminal von Eivissa
wurde unterirdisch angelegt und ent-
puppte sich als schwere Fehlkonstrukti-
on. Es ist bis auf Weiteres geschlossen.

Parken: An der Marina Botafoch kann
man seinen Wagen kostenlos und
stressfrei abstellen. Von dort erreicht
man in 15 Min. die Altstadt. Alternativ
startet vor dem Hotel Corso alle 20 Min.
ein Passagierboot zur Stadtseite.

Hotels

Es Vivé €€€
Stilisierter Art déco, Palmen und Pool:
ein Stück Miami mitten in Figueretes.
- Carrer Carlos Roman Ferrer 8 | Eivissa
  Tel. 971 30 19 02
  www.hotelesvive.com
  Okt.–April geschl.

Hard Rock Hotel €€€
Der Betonklotz ist mit dem Restaurant
Sublimotion und als Austragungsort ei-
ner sehr populären 1980er-Jahre-Party
der aktuelle Darling der Celebrities. **50
Dinge** ㉘ › S. 15.
- Ctra. Platja d'en Bossa S/N
  Sant Jordi De Ses Salines
  Tel. 971 39 67 26 | www.hrhibiza.com

Mirador de Dalt Vila €€€
5-Sterne-Luxushotel in vorzüglicher
Lage mit entsprechend gutem Service.
• Plaça Espanya 4 | Eivissa
  Tel. 971 30 30 45
  www.hotelmiradoribiza.com

Torre del Canónigo €€€
Klein, komfortabel und mit herrlichen
Ausblicken gesegnet ist dieses Hotel im
wohl romantischsten Teil von Dalt Vila.
• Carrer Major 8
  Tel. 971 30 38 84
  www.latorredelcanonigo.com

Sentido Migjorn €€–€€€
Gepflegte Anlage mit mediterraner
Aura, deren drei Geschosse an der tru-
beligen Platja d'en Bossa wie ein
Fremdkörper wirken.
• Carrer de les Begònies 12–18
  Eivissa | Tel. 971 39 35 73
  www.migjorn-apartments.com

El Hotel Pacha €€
Designerhotel im Zeichen der Kirschen:
❗ Die Zimmer überzeugen mit strahlend weißem Interieur und allgegenwärtigen Vibes. Wer hier nächtigt, kommt
automatisch auf die Gästeliste für den
nahen Klub.
• Passeig Maritimo | Eivissa
  Tel. 971 315 936
  www.elhotelpacha.com

La Ventana €€
❗ Familiengeführtes Haus mit einer
opulenten Einrichtung, die dem Prädikat
»einzigartig« mühelos gerecht wird.
• Carrer de sa Carrossa 13
  Eivissa
  Tel. 971 30 35 37
  www.laventanaibiza.com

Cool und ganz in Weiß am Coco Beach

Hostal Parque €–€€
Komfortables Hostel, das bei den Einheimischen auch für seine formidable Früh-
stückskarte geschätzt wird. Einige Zimmer verfügen über eine hübsche
Aussicht auf den nahen Park.
• Plaça del Parque 4 | Eivissa
  Tel. 971 30 13 58
  www.hostalparque.com

Restaurants

Coco Beach €€€
Wer auf Ibiza ein Oktoberfest feiern
möchte, findet hier in der Nachsaison
Gelegenheit. Den Rest des Jahres steht
in den entlegeneren Gefilden der Platja
d'en Bossa das im Vordergrund, was
man als ibizenkische Folklore der Gegenwart bezeichnen könnte: Coole Musik, gute Drinks und die Zurschaustel-
lung trainierter Körper.
• Carrer de la Ciutat de Palma
  Platja d'en Bossa | Tel. 971 39 58 62
  www.cocobeachibiza.com

Heart €€€
Kooperation zwischen Küchenmagier
Ferran Adrià und dem Gründer des
Cirque du Soleil, Guy Laliberté. Street-

Food-Zitate und Showelemente machen den Besuch zu einem Fest fürs Leben – so man denn einen Tisch ergattert.

- Passeig Joan Carles I 17
  Eivissa
  Tel. 971 93 37 77
  www.heartibiza.com
  Okt.–Mai geschl.

La Torreta €€€

Keine Webseite zu unterhalten muss man sich leisten können. Dieses am beliebtesten Platz von Dalt Vila gelegene Lokal verzichtet darauf, voll ist es dank der authentischen und durchaus hochpreisigen Küche trotzdem.

- Plaça de Vila 10 | Eivissa
  Tel. 971 30 04 11

La Oliva €€–€€€

Strahlend weißes Interieur und ⬛ gradlinige mediterrane Küche mit asiatischen Zitaten. Lecker: Zucchini-Carpaccio mit ibizenkischen Mandeln. Wer draußen sitzen möchte, sollte früh kommen.

- Carrer la Santa Creu 2 | Eivissa
  Tel. 971 30 57 52
  www.laolivaibiza.com
  Mitte Okt.– Mitte April geschl.

Can den Parra €€

Familiengeführtes Restaurant in Dalt Vila. Weil es spät losgeht, sitzt man manchmal bis in die frühe Nacht unter freiem Himmel, um die italienisch inspirierten Gerichte zu verzehren. Gäste können aber auch nur auf einen Teller mit iberischem Schinken und ein Glas Wein vorbeikommen.

- Carrer Sant Rafel 3
  Eivissa
  Tel. 971 39 11 14

Bar Barlovento €–€€

Inselklassiker und Favorit der Einheimischen: Tapas von gleichbleibender Qualität mit Blick auf die Marina Botafoch. Das Konzept ist derart bewährt, dass man nun plant, nach London, Berlin und Dubai zu expandieren.

- Carrer de Botafoch | Eivissa
  Tel. 971 31 77 17
  www.bar-barlovento.com

La Mezcalería €–€€

Ceviche, Austern und Oktopus-Carpaccio mit Orangenfilets beweisen: Auch Mexikaner können Tapas anrichten. Dieses Restaurant erfreut damit – und mit der riesigen Mezcal-Auswahl – viele *eivissencs.*

- Carrer de la Santa Creu 3 | Elvissa
  Tel. 971 09 02 18
  www.lamezcaleria.com
  tgl. 13–2 Uhr

Can Gourmet €

Das mit einem Tisch kleinste Lokal der Insel bereitet vorzügliche *bocadillas* zu – als Variante mit *jamon* und geschmolzenem Gorgonzala bieten sich diese auch als Katerfrühstück an. Kleine Auswahl inseltypischer Lebensmittel.

- Carrer de Guillem de Montgrí 20
  Eivissa | Tel. 685 60 34 09
  Mo–Sa 10–1 Uhr

Comida Bar San Juan €

In Erwartung eines Tisches stehen die Fans ehrlicher Hausmannskost hier vor allem mittags bis auf die Straße. Auf den Teller kommen nicht nur Tortillas, sondern auch Reisgerichte und Fisch.

- Carrer de Guillem de Montgrí 8
  Eivissa
  Tel. 971 31 16 03

El Zaguán €

Hier werden jene Leckereien serviert, die in Katalonien *montaditos* und im Baskenland *pintxos* genannt werden: dünne Baguettescheiben, die mit Anchovis, Manchego oder Pata Negra belegt sind. Ein rustikales Restaurant im besten Sinne – und daher immer voll.

• Av. Bartomeu de Roselló 15 | Eivissa
  Tel. 971 19 28 82 | www.elzaguan.es
  tgl. 12.30–23.30 Uhr

Ke Kafe €

❗Wunderbares Restaurant und Café mit maurischen Einflüssen sowohl in der Küche auch als beim Interieur. Bei (kostengünstigen) Tapas und Wein kann man hier auch mal ein Buch lesen.

• Carrer del Bispe Arara | Eivissa
  Tel. 971 19 40 04
  Mo–Sa 13–16, 20–1 Uhr

Retro Gusto €

Italienisch eingefärbtes Lokal, das für sein hervorragendes (auch englisches oder vegetarisches) Frühstück stadtbekannt ist.

• Carrer del Pais Vasco 6 | Figueretes

S'Escalinata €

Das Lokal in Dalt Vila erfreut die Laufkundschaft mit sogenannten Fat-Boys, bequemen Sitzkissen, die es auf Stufen drapiert hat. Perfekt für einen *café solo* in der Sonne, einen Smoothie oder auch ein Sandwich mit Avocados.

• Carrer Portal Nou 10 | Eivissa
  Tel. 971 30 61 93
  www.sescalinata.es
  tgl. 10.30–3 Uhr

Cafés

Café Mar y Sol €–€€

Ein Café alter Schule. Das bedeutet: Einst tranken »die Intellektuellen« hier ihren *café solo*. In erster Linie aber kann man in verkehrsgünstiger Lage exzellent Leute beobachten.

• Passeig Marítim | Eivissa
  Tel. 971 31 28 26 | tgl. 8–23 Uhr

Beim La Oliva kann man den Spaziergang durch Dalt Vila ausklingen lassen

Ebusus €
Unprätentiöser aber dennoch geschmackvoll eingerichteter Treffpunkt in bester Lage: toller Kaffee, gutes Frühstück, kleine Preise.
• Passeig Vara del Rey 20 | Eivissa
  Tel. 971 19 26 82 | tgl. 8–0 Uhr

Shopping
Aniseta
Fachgeschäft für Hierbas, andere lokale Alkoholika und Produkte. Gute Weinauswahl.
• Avinguda Santa Eulària 21
  Eivissa
  Tel. 971 31 87 69
  April–Sept. tgl. 10–23 Uhr,
  sonst kürzer

Delta Discos
Premiumanlaufstelle für all jene, die sich den Sound of Ibiza mit nach Hause nehmen möchten. **50 Dinge** ㉟ › **S. 16.**
• Avinguda d'Espanya 7
  Eivissa
  Tel. 971 30 67 21
  tgl. 10–22 Uhr

Marney & Me
Geschmackvolle Sommermode für Damen, von den niederländischen Besitzerinnen in Frankreich eingekauft. Benannt nach einem Hund, der ebenso faul wie dekorativ im Schaufenster liegt.
• Carrer de Josep Verdera 9 | Eivissa
  www.marneyibiza.com

Mercat Nou
Moderne Markthalle in der Neustadt von der Größe eines mittleren Supermarktes. **❗ Hier werden Fisch, Fleisch, Obst, Gemüse und lokale Produkte hübsch arrangiert zum Verkauf – und manchmal zur Verkostung – angeboten.**
• Carrer d'Extremadura | Eivissa
  www.esmercatnou.com
  Mo–Sa 7–15 Uhr

Mercat Vell
Überdachte Markthalle im Kleinformat. An den Ständen werden hauptsächlich Obst und Gemüse verkauft (zum Teil in Bioqualität), aber auch leckere Säfte.
• Plaça de sa Constitució | Eivissa
  tgl. 9–21, Okt.–April bis 18 Uhr

Vincente Ganesha wird für seinen kreativen Ibiza-Style geliebt

Nautica Ereso

Zubehör für den Segeltörn und andere maritime Aktivitäten. Auch Tauchausrüstungen und Angeln sind im Angebot.

• Avda. Santa Eulària 23 | Eivissa
Tel. 971 19 96 05
www.nauticaereso.com
Mo–Fr 9–13 und 16–19, Sa nur
9–13 Uhr.

Pacha-Flagship-Store

Die zwei Kirschen sind mittlerweile auf Ibiza und im Rest der High-End-Party-welt allgegenwärtig. Wer auf den Zug aufspringen möchte, kann im Flagship-Store allerlei Andenken erwerben.

• Carrer Lluís Tur i Palau 20
Eivissa | Tel. 971 31 50 02
www.pachacollection.com

Plaisir Foie Gras

Feinkostladen mit Imbiss, lokalen und französischen Leckereien, gute Weinauswahl. **50 Dinge** ⑬ › **S. 13.**

• Plaça de la Constitucio 9
Eivissa | Tel. 971 12 48 67
tgl. 10–0 Uhr

Vincente Ganesha

Ibiza entwickelte seine eigene modische Strömung. Variationen der schneeweißen Bekleidungsstücke kreiert Vicente Ganesha, indem er Hippie-Anleihen mit indischen Einflüssen (Goa!) kombiniert.

• Carrer Montri 14
Eivissa | Tel. 660 30 15 49

Nightlife/Klubs

Bora Bora

Berühmt-berüchtigter Beachklub im Herzen der Platja d'en Bossa. Hier beginnen die Partys schon mittags.

• Carrer del Fumarel | Sant Josep

Tel. 971 30 39 86
www.boraboraibiza.net

Lips

❗ Stilvolles Ambiente mit Liegen und Tapas am Strand.

• Platja d'en Bossa
Sant Jordi de Ses Salines
Tel. 971 30 04 15
www.restaurantebeachclubibizalips
reartes.es
Mai–Sept. tgl. 9–3, sonst Di–So 13–16
Uhr

Pacha

Das Haus mit den zwei Kirschen im Logo ist die Klublegende schlechthin. Schon seit 1973 bittet Eigentümer Ricardo Urgell zum Tanz. Damals auf einer kleinen Finca, heute in einem weitläufigen Tanztempel mit unzähligen Floors, die je nach erwartetem Andrang geöffnet werden. Die elektronischen Sounds zählen zu der härteren Art. Das Publikum ist gemischt. Die Drinks sind teuer (Bier: 10 €). Dennoch sollte man hier wenigstens einen Abend im Leben verbracht haben.

• Avinguda 8 d'Agost | Eivissa
Tickets unter Tel. 608 544 842
www.pachaibiza.com

Ushuaïa

Hauptquartier für Partygänger. Laut Eigenauskunft sind besonders viele Hedonisten, Provokateure und Exhibitionisten zugegen, wenn es im Open-Air-Klub zur Sache geht. An den Turntables stehen David Guetta und ähnliche Kaliber.

• Platja d'en Bossa 10
Sant Jordi de Ses Salines
Tel. 971 31 28 01
www.ushuaiaibiza.com

Insel der Reichen und Schönen

Die Côte d'Azur? Das war gestern. Oder gar vorgestern? Und Marbella – wo ist das? Diese fiktiven Halbsätze könnten in der Lebenswelt einer bestimmten menschlichen Subspezies Konjunktur haben. Der Volksmund bezeichnet sie im modischen Denglisch als »Celebrities«.

Wir schreiben das Jahr 2014, als sich auch in der deutschen Journaille die Meldungen über die Sichtung von Schauspielern, Fußballern, Fotomodellen und Popstars auf Ibiza in bislang ungekannter Dichte häufen. Kate Moss und Naomi Campbell checkten ebenso wie Rihanna und Kanye West über ihre Social-Media-Konten auf der Mittelmeerinsel ein. Darüberhinaus wurden Bastian Schweinsteiger und André Schürrle auf dem kleinen Eiland gesichtet.

Wie sich ein Touristenführer freudestrahlend erinnert, lieferten sich in diesem turbulenten Jahr zu allem Überfluss Leonardo di Caprio und Justin Bieber eine Schlägerei, die ihre gewünschte Wirkung in der Öffentlichkeit nicht verfehlte: Präsenz in der Boulevardpresse.

Auch im darauffolgenden Sommer wurde die Insel wieder in hoher Taktung von Privatjets angeflogen und von obszön großen Jachten umkreist. Als memorables Ereignis sollte in die Inselannalen jener Tag eingehen, als George Clooney auf Ibiza sein eigenes Tequila-Label vorstellte. In seinem Schlepptau befand sich, hört man, auch Cindy Crawford.

So viele große Namen und so konsequenter Luxus ziehen ganz offensichtlich etwas nach sich, das man als Selbstbeschleunigungseffekt bezeichnen könnte. Oder mit anderen Worten: Es tummeln sich nun auch jene Prominente auf der Insel, die kein klar umrissenes Betätigungsfeld nachweisen können.

Zu dieser Gruppe gehört Paris Hilton nicht. Die Dame, deren Job im Allgemeinen mit »Erbin eines Hotelimperiums« umrissen wird, schwang sich nämlich zur Kolumnistin eines örtlichen Designmagazins auf, in dem sie ihr fachliches Urteil zum »sexiest place to be« fällt. Natürlich geht es um Ibiza. Dazu lässt sie sich stilecht in Gesellschaft dreier ibizenkischer Podencos ablichten: »Es sind so wunderbare, intelligente und sensible Hunde.«

Die Zuneigung eines solch finanzkräftigen Publikums erfordert ein Mindestmaß an entsprechender Infrastruktur. An geräumigen Villen mit großzügigen Swimmingpools und einem wöchentlichen Mietpreis von 5000 Euro aufwärts besteht kein Mangel. Die Wege zum Jachthafen von Eivissa › **S. 66** sind selbst von der entlegensten Finca kurz – und das Areal ist vor unberechtigtem Zutritt gut geschützt. An der Zufahrt zaubert Koch Ferran Adrià in seinem Restaurant Heart. Und auch das legendäre Pacha mit seinen Promi-Separees ist so nah, dass eine Taxifahrt nicht lohnt.

Die Kühlschränke der Restaurants, Bars und Klubs auf Ibiza sind entsprechend dieses Klientels bis oben mit Champagner gefüllt. Dennoch mutmaßen Kenner, dass es nicht unbedingt dekadente Anwandlungen sind, welche die Stars nach Ibiza locken. Viel mehr sei eine Kombination von Faktoren ausschlaggebend: Ibiza ist eine Insel, bürgt also für ein Gefühl der Abgeschiedenheit. Die Insel ist überschaubar, ohne eng zu wirken. Und nicht zuletzt findet hier »richtiges Leben« statt. Und sei es ein Dance-Event mit 8000 Gästen.

Spätestens seit im Hard Rock Hotel mit dem Sublimotion das vermeintlich teuerste Restaurant der Welt auf Ibiza eröffnete › **S. 68**, und für die Suiten in dem besagten Übernachtungsbetrieb bis zu 10 000 Euro pro Nacht bezahlt werden, regt sich vermehrter Widerstand gegen den Zustrom der Reichen und Schönen. Die Medien beklagen, dass der Durchschnittsurlauber sich die Insel nicht mehr leisten könne. Doch wer sich vergewissern möchte, dass Befürchtungen dieser Art unbegründet sind, werfe einen Blick auf die doch recht einfachen Unterkünfte, die an so gut wie jeder Strandbucht stehen.

Die eigene Jacht ist immer fahrbereit

DER SÜDEN

Kleine Inspiration

- **Frischen Fisch essen** in der Bucht Sa Caleta mit Blick auf das azurblaue Meer › S. 81
- **Sich über die Bedeutung der Salinen informieren** im Besucherzentrum in Sant Francesc › S. 82
- **Sonnenbaden am weitläufigen Strand Ses Salines** und anschließend in einem der noblen Beachklubs dinieren › S. 84
- **Einen ausgedehnten Abendspaziergang unternehmen** durch die Wälder am Südzipfel der Insel, an der Punta de Sa Torre de Ses Portes › S. 85

Der kleine Südzipfel Ibizas unterscheidet sich topografisch vom Rest der Insel, denn er ist weitgehend flach. So wurde er schon früh zur Salzgewinnung genutzt, was lange Zeit ein wichtiger Wirtschaftsfaktor war.

Der Südzipfel Ibizas scheint in gewisser Weise vom Rest der Insel abgeschnitten – was aber einen Besuch besonders reizvoll macht. Hier nämlich befinden sich die ausgedehnten Salinen, die noch immer in Betrieb sind und deren touristische Erschließung nach wie vor nicht vorgesehen ist. Auch breiten sich entlang der Halbinsel einige famose Strände aus. Weiter westlich gibt sich die Insel schroff: Die Buchten sind schmal und von erdfarbenen Felsen eingerahmt. Es Cubells

schließlich, das mit seiner zauberhaften Wehrkirche von den Klippen auf das tiefblaue Wasser des Mittelmeers hinabblickt, ist der wahr gewordene Traum eines jeden Fotografen oder Balearen-Romantikers.

Wer also die unattraktive Peripherie der Stadt Eivissa, die mit dem Flughafen, der weithin sichtbaren Müllverbrennungsanlage und dem beachtlichen Verkehrsaufkommen eine Art Barriere zum Rest des Inselsüdens bildet, hinter sich lässt, findet hier ein Inselparadies.

Tour in der Region

 Zum Kap Torre de Ses Portes

Route: Es Cubells › Platja des Jondal › Sa Caleta › Sant Francesc › Ses Salines › Platja de Ses Salines › Punta de Sa Torre de Ses Portes

Karte: Seite 78
Dauer: ½–1 Tag, 25 km mit dem Auto, dann 4 km zu Fuß.
Praktische Hinweise:
• Der Ausgangspunkt ist von allen Orten der Insel in weniger als 60 Min. erreichbar.

• Die Tour ist als Kombination aus Besichtigung landschaftlicher Schönheiten mit dem Auto und als Wanderung angelegt, daher unbedingt Badesachen und bequeme Schuhe mitnehmen. Sonnenmilch nicht vergessen!

Tour-Start:

Die Anfahrt nach Es Cubells scheint wie in den Anfangsjahren des Tourismus. Die PMV 803-1 führt von Sant Josep auf kurvenreichem Trajekt an die Südküste, die ein wenig

Sa Caleta ist eine charmante Badebucht

den Eindruck erweckt, als sei sie vergessen worden von den Strategen der Tourismusindustrie. **Es Cubells** **1** › **S. 79** wäre als Ortschaft kaum erwähnenswert, würde es nicht über die spektakuläre Lage auf den Klippen der Westküste verfügen. Viele Häuser sind waghalsig in den Hang gebaut. Über allem thront die weiß gekalkte Wehrkirche. Dies alles fordert dem Besucher ein mehr oder weniger langes Innehalten ab. Auf dem Weg zurück über die PMV 803 umkurvt man das Feriendorf Vista Alegre. Von hier aus geht es durch hügeliges Terrain hinunter zur **Platja des Jondal** **2** › **S. 80**, ein vor allem von den Schönen und Reichen bevorzugter Strand. Die Beachbarbesucher vertreiben sich

die Zeit gern mit Ratespielen, wer wohl auf der fetten Jacht so unentschlossen durch die Bucht schippert. Nur einen Steinwurf entfernt, öffnet sich mit **Sa Caleta** **3** › **S. 81** eine völlig andere Bucht, klein und von rötlichen Felsen umrahmt. Das hiesige Restaurant steht seit Jahren ganz oben auf der Beliebtheitsskala. Auf einer kleinen Halbinsel befinden sich Relikte einer frühen Phöniziersiedlung. Nun ist es unumgänglich, den Flughafen und somit einen der am wenigsten attraktiven Flecken der Insel zu umrunden, bevor endlich das Dorf **Sant Francesc de s'Estany** **4** › **S. 82** und die mächtigen **Ses Salines** **5** › **S. 82** am Horizont auftauchen. Hier wird noch immer Salz gewonnen, auch wenn

Unterwegs im Süden

Tour **4** **Zum Kap Torre de Ses Portes**

Das Dorf Es Cubells liegt versteckt zwischen Pinien an der steilen Küste

die wirtschaftliche im Vergleich zur touristischen Bedeutung inzwischen eher marginal ist. Besonders schön ist es hier, wenn der Tag sich langsam dem Ende entgegen neigt. Der nahe Strand, **Platja de Ses Salines** 6 › **S. 84**, gehört zu den größten der Insel. Seine Weitläufigkeit erinnert ebenso an den Atlantik, wie die Vegetation. Nachdem der Wagen abgestellt ist, wartet ein herrlicher Spaziergang durch die wunderbar duftende Landschaft. Nach rund 2 km ist die **Punta de Sa Torre de Ses Portes** 7 › **S. 85** erreicht. Der Blick nach Süden offenbart deutlich die Konturen der Nachbarinsel Formentera.

Unterwegs im Süden

Es Cubells 1 ⭐ [C3]

Das Dorf ist aufgrund seiner Topografie relativ unzugänglich. Das auffälligste Gebäude ist die schneeweiße Wehrkirche, die sich mit Hilfe ihrer Querverstrebungen mit letzter Kraft gegen die Bedrohung zu wehren scheint, den Hang hinabzustürzen. Das 1864 errichtete Gotteshaus ist ein populärer Ausrichtungsort für Trauungen – die Lage hoch über dem sattblauen Mittelmeer ist aber zu schön.

Die Abgeschiedenheit des Ortes wird von den Celebrities sehr geschätzt. Unter anderem soll Mike Oldfield hier noch immer ein Domizil besitzen. Nach unten hin wird das Gelände so schroff und steil, dass die am Hang erbauten Villen anfällig für Naturgewalten scheinen. Aber dieser Eindruck mag auch täuschen. Die Abfahrt ist möglich, erfordert jedoch einiges an Fahrgeschick sowie Schwindelfreiheit. Sie endet unten unspektakulär vor einer Schranke ohne Meerzu-

Leben und genießen heißt es im Beachklub Blue Marlin

gang. Also besser oben bleiben und im Bar Grill Llumbi Platz nehmen. In der Traditionsgaststätte wird mit Herz gekocht – und nicht auf Basis eines Businessplans. Vor allem der Fisch mundet vorzüglich.

Restaurant
Bar Llumbi €
Einfaches Restaurant mit freundlichen Leuten, hervorragender Aussicht und Essen, das sowohl schmackhaft als auch bezahlbar ist. So ist die Versuchung groß, in der Bar Llumbi ewig sitzen zu bleiben, frischen Fisch zu essen und den lieben Tag einen Tag sein zu lassen.
• Carrer Es Cubells 2 | Es Cubells
  Tel. 971 80 21 28

Platja des Jondal **2** [C4]

Über verschlungene Pfade geht es von Es Cubells 8 km zu einem Strand hinunter. Natur und Bauher-

ren legten hier gemeinsam einen Gegenentwurf zum wild romantischen Es Cubells an: An der Platja des Jondal ist vor allem Chillen angesagt. Gleich vier Beachbars haben sich in der Bucht angesiedelt, die das Verweilen in der auffällig steinigen Landschaft deutlich angenehmer gestalten. Die Etablissements im Norden der Bucht müssen zwar damit leben, dass hier die Sonne am frühen Abend hinter den Felsen verschwindet, aber dafür kann man dann umso länger die ›blaue Stunde‹ genießen.

Hotel
Tropicana Beach Club €€–€€€
Familienfreundliches Resort samt Restaurant (Spezialität sind die heimischen Fischgerichte) mit aufgeschüttetem Sandstrand in einer ansonsten steinigen Bucht.
• Cala Jondal | Sant Josep
  Tel. 971 80 26 40
  www.tropicanaibiza.com

Restaurants

Blue Marlin €€€

Im exklusiven Beachklub an der Cala Jondal lassen sich gern auch mal A-, B- oder C-Promis sehen. Im Allgemeinen lassen es sich die Gäste auf den bequemen Liegen gut gehen.

- Cala Jondal | Sant Josep
  Tel. 971 41 0117
  www.bluemarlinibiza.com

Es Xarcu €€–€€€

Schlicht, einfach und – nicht so preiswert, wie man meinen könnte. Kenner lassen sich in der Hütte an der felsigen Bucht den Wolfsbarsch in Salzkruste schmecken.

- Cala Es Xarco | Porroig
  Sant Josep | Tel. 971 18 78 67
  www.esxarcu.com

Sa Caleta **3** [C4]

Hinter einer bewaldeten Halbinsel schließt sich die nächste Bucht an. Sie besitzt die Form eines Hufeisens und ist von rötlichem Gestein umgeben. Der Zugang erfolgt durch einen schmalen Durchbruch. Doch keine Scheu: Weil das Ufer flach abfällt, eignet sich der Strand auch gut für Familien mit Kindern, die sich gern mit Schnorcheln einen Überblick über die Unterwasserwelt verschaffen. Zudem beherbergt die Bucht das Restaurant Sa Caleta. Wer auffällige Auftritte mag, lässt sich mit Blick auf das Meer den Wind um die Nase blasen. Auch ein paar Schritte in Richtung Osten lohnen sich: Auf der winzigen Halbinsel fällt die Küste ohne Vorwarnung ins Meer ab; der angrenzenden Bucht

! Erst-klassig

Die coolsten Beachklubs

- **Lips:** Eine Insel der Zivilisation an der Platja d'en Bossa. Wer mag, kann auf den weißen Strandliegen kreativ zubereitete Tapas konsumieren. › **S. 73**
- **Blue Marlin:** Wer sich hier von der extrem entspannten Musik einlullen lässt, ist selber schuld. Schließlich besteht immer die Möglichkeit, dass ein Star sich blicken lässt. › **S. 81**
- **Es Xarcu:** Simple Erscheinung, aber weithin bekannte Küche, gehobene Preisen und eine Aussicht auf die Cala Es Xarco, die zum Träumen einlädt. › **S. 81**
- **Experimental Beach:** Prächtige Anlage unmittelbar hinter den Salinen. Die französisch inspirierte Küche hat ihren Preis, die Sonnenuntergänge aber sind einfach unbezahlbar. › **S. 84**
- **Cotton Beach Club:** Fusionsküche und der Blick auf azurblaues Wasser lassen keine Wünsche offen. Ein exklusives Vergnügen für den besonderen Anlass. › **S. 98**
- **Hidden:** Ein Beachklub ohne Strand. Dafür lockt ein Minigolfplatz mit der Bahn Fat-Boy-Slim-Hole, die der Sohn eines DJs gestaltet hat. › **S. 120**
- **Elements:** Spektakulärer Blick auf die Cala Benirràs, wo sonntags die Trommler wirbeln und fast täglich die Sonne auf hinreißend schöne Weise untergeht. › **S. 124**

verleihen verwitterte Bootshäuser einen pittoresken Charme. Einige werden noch von Fischern genutzt. Für historisch Interessierte aber sind die schmucklosen Ruinen der frühen **Phöniziersiedlung** aus dem 7. Jh. v. Chr. das eigentliche Highlight. Die Grabungsstätte gehört mit der Nekropole Puig des Molins zum UNESCO–Weltkulturerbe. Schautafeln erklären das einst geschäftige Treiben, als die Phönizier die Bucht als natürlichen Hafen nutzten.

Restaurant
Sa Caleta €€–€€€
Ein Inselklassiker: Hier trifft sich der Jetset zweiten und dritten Ranges zum Zeitvertreib. Andere lecken sich in Vorfreude auf die Fischgerichte schon auf dem Parkplatz die Finger. Auch die Reisspeisen genügen hohen Ansprüchen.
• Platja d'es Bol Nou | Sa Caleta
  Tel. 971 18 70 95
  www.restaurantesacaleta.com

Sant Francesc de s'Estany 4 [D4]

Das winzige Dorf befindet sich auf dem Weg aus dem Ballungsraum Eivissa zu den Salinen und den dortigen Stränden. Doch die Pfarrkirche verdient einen Zwischenstopp, denn sie beherbergt ein kleines Besucherzentrum über die Salinen (Centro de Interpretación Ses Salines, PM 802, Sant Francesc, Di, Mi, Fr 10–14 und 18–21 Uhr, Sa, So 10–14 Uhr, Eintritt frei).

Dahinter, in Richtung der Salzfelder, erinnert eine Bronzeskulptur des heimischen Bildhauers Pedro Hormigo an das einst harte Leben der Salinenarbeiter. Die Männer mussten ihre Ausbeute in Säcken auf den Schultern transportieren.

Restaurant
San Francisco Bar €
Sympathisches Lokal eines argentinischen Pärchens. Auf den Teller kommen nicht nur gut gewürzte Fleischgerichte, sondern auch hausgemachte Pasta.
• Carretera a Salina km 2,8 | PM 802
  Tel. 971 94 01 74
  www.sanfranciscobaribiza.com

Klub
DC-10
Quasi direkt neben Start- und Landebahn des Flughafens gelegen, macht diese Klublegende ihrem Namen, der an ein Flugzeug erinnert, alle Ehre. Bei den zuweilen ekstatischen Partys läuft eher House und Techno der härteren Sorte. Legendär ist die Partyreihe Circo Loco montagvormittags (!). Es gibt weder Werbung noch Webseite, die Drinks kosten im Vergleich zu anderen Etablissements nur die Hälfte. **50 Dinge** ㊶
› S. 16.
• Carretera Salinas km 1 | Ses Salines

Ses Salines 5 ⭐ [C/D4]

Die Gier nach Sonne, Strand und Meer animiert viele Besucher dazu, achtlos über die Straße gen Süden zu brettern. Dabei ist die PM 802 etwas Besonderes: Sie führt durch die größte zusammenhängende Ebene der Insel und deren erste permanente Einkommensquelle, die Salzfelder. Das Schimmern der Sali-

Die Salinenarbeiter gewinnen Berge von Salz aus dem Meer

nen, das einer Fata Morgana ähnelt, fasziniert bereits aus der Ferne.

Früher wurden große Teile des aus dem Meer gewonnenen Salzes zum Pökeln genutzt. Heute dagegen ist Sal de Ibiza ein gut durchgestyltes und vermarktetes Produkt. Die schmalen Wege durch die Felder sind für den Verkehr gesperrt. Weil Zaungäste die Arbeit behindern, aber auch wegen der zahlreichen Vogelarten, die den exklusiven Lebensraum für sich beanspruchen. Aber: Die Ornithologie ist in Spanien ein erstaunlich beliebter Zeitvertreib. Wer mit einem Fernglas ausgestattet ist, kann vor allem im Winter Rosaflamingos entdecken.

SEITENBLICK

Die Salinen als Wirtschaftsfaktor

Meerwasser, dem man die Feuchtigkeit entzieht. So wird das Salz aus den Salinen von Ibiza heute vermarktet. Anders als herkömmliches Kochsalz aus Salzbergwerken, verfügt das Produkt angeblich über wichtige Mineralien und Spurenelemente. Nach Art des französischen Fleur de Sel wird es handgeschöpft und entspricht somit genau den Kriterien für ein Lifestyleprodukt der Gegenwart. Die Salzgewinnung allerdings ist kein Phänomen des Gourmetzeitalters. Vielmehr haben sich bereits die Phönizier die geografischen Gegebenheiten zunutze gemacht und systematisch Salz gefördert. Seine Gewinnung war harte Arbeit, denn die Beschäftigten mussten sowohl der Hitze trotzen als auch große Mengen ihrer Ausbeute mit Muskelkraft transportieren. Das Sal de Ibiza gehört heute zu den allgegenwärtigen Souvenirs.

Platja de
Ses Salines 6 [D4]

Zwischen den Salinen und dem bewaldeten Südzipfel Ibizas breitet sich ein Parkplatz aus, der motorisierten Badegästen zugedacht ist. In der Hochsaison wird es auch hier beträchtlich eng. Die Platja de Ses Salines gehört mit einer Länge von gut 3 km zu den längsten zusammenhängenden Stränden der Insel. Je mehr man sich motivieren kann, zu Fuß gen Kap vorzustoßen, umso einsamer wird es in der Nebensaison (und im Sommer weniger voll). Das umliegende herrliche Naturschutzgebiet fällt durch seine intakte Vegetation auf: Pinien, Rosmarin und Wacholder verbreiten ein aromatisches Duftspektrum, das zu schwelgerischen Gedanken inspiriert. Die Strandklubs am Rande des Naturschutzgebiets sind nicht preiswert. **50 Dinge** 10 › S. 13.

Hotel

Boutique Hostal Salinas €€
Der Name spricht Bände: ❗ einfache, aber sehr liebevoll betriebene Unterkunft mit elf Zimmern. Das Haus befindet sich zwischen den Salzfeldern, einem kleinen Wäldchen und dem Vorzeigestrand Ses Salines. Entsprechend ist die Klientel: sonnenhungrige junge Menschen, die keine Lust auf Massenabfertigung haben.
• Carretera Sa Canal, km 5 | Sant Jordi
  Tel. 971 30 88 99
  www.boutiquehostalsalinas.com

Restaurants

Experimental Beach €€–€€€
❗ Schickes Etablissement am Strand mit guter, französisch beeinflusster Küche. Luxuriöse Strandliegen und exzellente Cocktails zeugen vom Anspruch, den sogenannten Yuppies das Leben standesgemäß zu versüßen. Die Anfahrt führt zum Teil durch die Salinen und vor Ort ist ein näherer Blick auf die Salzfelder möglich.

Ibiza kann auch wildromantisch sein, etwa auf der Punta de Sa Torre de Ses Portes

• Platja d'es Codolar | Ses Salines
Tel. 664 33 12 69
www.eccbeach.com
Nov.–Mitte April geschl.

Jockey Club €€–€€€
Von DJ-Hand produzierte House-Klänge, frische Smoothies und eine variantenreiche Fischküche bilden paradiesische Voraussetzungen für einen gelungenen Tag am Strand. Poser kaufen im Gift-Shop Polohemden, mit denen sie daheim neidvolle Blicke auf sich ziehen.
• Platja de Ses Salines | Chiringuito 3
Tel. 971 39 57 88
www.jockeyclubibiza.com
Nov.–Mitte April geschl.

Sa Trinxa €€
Es bedarf keiner prätentiösen Architektur, um gute Vibes zu erzeugen: Eine exponierte Lage an einem herrlichen Strand, glasklares Wasser, mediterrane Fisch-Cuisine und regelmäßige Einsätze von Chill-out-DJs reichen völlig. Und eine kleine Boutique, die modisch weit vorne liegt, gehört ebenfalls zum perfekten Inventar.
• Platja de Ses Salines
Tel. 618 96 05 00
www.satrinxa.com

Punta de Sa Torre de Ses Portes 7 [D4]

An der Südspitze der Insel macht sich unweigerlich ein wenig Sentimentalität breit: So unberührt muss Ibiza fast überall gewesen sein, ehe der Massentourismus sich breitmachte, und auch so verwundbar durch Eindringlinge – woran der trutzige Wehrturm Torre des Ses Portes erinnert. Kurzum: Die Wanderung vom Parkplatz des Salinenstrandes hierher ist pures Vergnügen, zumal auf der Westflanke ein Blick über das Vogelreservat Es Penjats mit seinem schwarz-weiß geringelten Leuchtturm bis nach Formentera lockt. Hinter dem Kap, gen Osten, sind bei einsetzender Dämmerung die Lichter von Eivissa und der Platja d'en Bossa zu sehen.

Es Cavallet 8 [D4]

Auch auf der Ostseite der Salinen, die während der Anfahrt auf der einer schmalen Zubringerstraße im wahrsten Sinne des Wortes gestreift werden, liegt ein sehr schöner Strand. Zu dessen Pluspunkten zählen: die Dünen und die Aussicht bis nach Eivissa. Die Wellen können bei Wind recht hoch werden – je nach Windrichtung ist der Strand auch anfällig für Algenanspülungen. Das Parken kann hier rasch zum Problem werden.

Restaurant
La Escollera
Das Restaurant genießt einigen Ruhm, seit hier mit Blick auf den Strand (und Formentera) in den 1990er-Jahren die Großmutter der heutigen Betreiber ihre Paellas zubereitete. Heute bietet die Küche neben *boquerones* (Anchovis) auch asiatisch inspirierte Gerichte.
• Platja d'es Cavallet
Sant Jordi
Tel. 971 39 65 72
www.laescolleraibiza.com
im Winter nur mittags geöffnet

SANT ANTONI & DER WESTEN

Kleine Inspiration

- **Über die Uferpromenade von Sant Antoni flanieren** und dabei die Meeresluft inhalieren › S. 92
- **Über die Herkunft von Kolumbus rätseln** am Ou de Colom in Sant Antoni › S. 95
- **Plantschen im türkisen Wasser der Cala Comte** und den Wandel der Zeit ignorieren › S. 98

Eivissa

Die herrlich gelegene Touristen- und Partyhochburg Sant Antoni dominiert den Westen Ibizas. Außerhalb aber führen steile Serpentinen in weniger besiedelte Gefilde und zum höchsten Berg der Insel, den Sa Talaïa.

Es mag zutreffen, dass Sant Antoni de Portmany die zweitgrößte Ortschaft von Ibiza ist. Diese Klassifizierung aber wird dem Städtchen kaum gerecht. Andere Beschreibungsversuche kommen der Sache schon näher: So ist Sant Antoni dank seiner Ausrichtung nach Westnordwest die vermutlich am schönsten gelegene Stadt auf Ibiza. Diesem Zauber kann auch die wenig sensible Bebauung aus den Anfangsjahren des Pauschaltourismus nichts anhaben. Ruhesuchende Urlauber und fröhlich-ausgelassenes Partypublikum kommen sich nicht in die Quere. Im Süden reihen sich am Stadtstrand Platja de s'Arenal jene Etablissements aneinander, in denen die Gäste befreit von Alltagssorgen ihren Lastern frönen können: Trinken, Singen – eben richtig Party machen. Beim Chillen am Strand tanken sie dann in der Sonne neue Energie. Wer Spaß am Feiern hat, ist hier auf jeden Fall richtig aufgehoben.

Um den Tourismus in andere Bahnen zu lenken, verbot die Gemeinde den öffentlichen Alkoholkonsum (außerhalb von Bars). Nichtalkoholische Getränke sind davon selbstverständlich nicht betroffen. Trotz aller Vorbehalte also sollte man sich Sant Antoni nicht entgehen lassen: Der Ort hat ein paar Highlights zu bieten – und die

beschränken sich nicht auf die unvergleichlich malerischen Sonnenuntergänge, für deren Genuss die nahe Cala Gració im Norden der Stadt einen intimen Rahmen bietet. Auch die Uferpromenade lohnt einen Bummel.

Das Hinterland versöhnt partymüde Gäste mit der Welt: In winzigen Dörfern wie Sant Augustí oder Santa Agnès scheint die Zeit stillzustehen. Schmale Straßen und steile Serpentinen bestätigen diesen Eindruck. Besonders schön mit zartrosa Farbtupfen zeigt sich die Umgebung zur Zeit der Mandelblüte Ende Januar/Anfang Februar.

Oben: Die Mandeln blühen in Santa Agnès
Links: Die Uferpromenade von Sant Antoni bietet viel Platz für Flaneure

Touren in der Region

 Die schönen Seiten von Sant Antoni

Route: Carrer Ponent › Café del Mar › Port de Sant Antoni › Platja de s'Arenal › Altstadt › Carrer Santa Agnès

Karte: Seite 94
Dauer: 2–3 Std. zu Fuß
Praktischer Hinweis:
• Die Tour bietet sich besonders in den frühen Abendstunden an, mit einem Sundowner entweder im Kumharas oder beim Klassiker, dem Café des Mar.

Tour-Start:

In Sant Antoni bildet die Kasbah Sunset-Bar den Auftakt zu dem schönsten Teil der Uferpromenade **Carrer Ponent Ⓐ** › **S. 92**. Der bei Joggern, Radfahrern und Flaneuren gleichermaßen populäre Weg führt bald zum legendären **Café del Mar Ⓑ** › **S. 93**, das den heutigen Ruf Ibizas als Insel der elektronischen Musik wohl mehr als alles andere prägte. Zum Sonnenuntergang strömen die Menschen aus allen Ecken der Insel hierher. Trotz des Trubels und des Sounds ist die Stimmung feierlich. Man folgt der Uferpromenade und dem Passeig de Mar immer am Wasser entlang bis zur auffälligen Skulptur **Ou de Colom Ⓓ** › **S. 95** mitten in einem Kreisverkehr.

Südlich davon breitet sich an der Bucht nun der Stadtstrand **Platja de s'Arenal Ⓒ** › **S. 93** aus, der fest in der Hand britischer Partytouristen zu sein scheint. Entweder macht man nun einen Abstecher dorthin oder bummelt über den mit Palmen und Wasserspiel aufgehübschten Passeig de ses Fonts direkt in die **Altstadt Ⓔ** › **S. 95**. Der Weg führt über die Partymeile **Carrer Santa Agnès Ⓕ** › **S. 95**, auf der sich ein Lokal an das andere reiht, und den Carrer Antoni Riquer zum lauschigen Platz an der leuchtend weißen Wehrkirche Sant Antoni schließlich zum Carrer Bisbe Torres, wo man seine Eindrücke bei einem gepflegten und exquisiten Abendessen im Bistrot de Stephan noch einmal Revue passieren lassen kann.

 **Buchten-Hopping**

Route: Sant Antoni › Port d'es Torrent › Cala Bassa › Cala Comte › Cala Tarida › Cala Vedella › Cala d'Hort

Karte: Seite 90
Dauer: ½ Tag, 1 Std. reine Fahrtzeit, ca. 30 km
Praktischer Hinweis:
• Notwendig ist ein Auto oder ein Motorrad; es geht über teils enge Küstenstraßen mit Abstechern zu einzelnen Buchten.

Tour-Start:

Die Tour bietet eine Einführung in die Vielfalt der offiziell 56 Buchten, die Ibiza prägen und die oft so nah beieinanderliegen. Hier sind es große und kleine, eher volle und recht einsame Buchten, die aber alle auf ihre Weise charmant sind.

Von **Sant Antoni** **1** › **S. 92** ist es nicht weit über Port d'es Torrent zur **Cala Bassa** **3** › **S. 97,** eine der beliebtesten Badebuchten mit einer typisch balearischen Wasserfarbe. Zwei Buchten weiter westlich offenbart die **Cala Comte** **4** › **S. 98** nun auch den Blick auf die vorgelagerten Inseln. So wird der gleichfalls nur schonend bebaute Küstenabschnitt ein optischer Genuss erster Güte, den ein Besuch im Sunset Ashram kulinarisch abrundet. Deutlich anders sieht die Sache inzwischen an der **Cala Tarida** **5** › **S. 98** aus, die nur über einen Abstecher ins Inland zu erreichen ist: Statt des einst paradiesischen Zustands wurde die Bucht zu einem Treffpunkt für alle erdenklichen Urlauber – von den Reichen und Schönen bis zu Familien. Nach einer abenteuerlich kurvigen Anfahrt gibt sich die **Cala Vedella** **6** › **S. 99** derweil ganz als familienfreundlicher Urlaubsort. Auch das hat seinen Charme, da hier alles merkwürdig unfertig wirkt. Als Schlussakkord wartet dann mit der **Cala d'Hort** **7** › **S. 99** eine spektakuläre Badestelle: Am Ende der steil abfallenden Straße öffnet sich die kleine Bucht, die den Besuchern einen grandiosen frontalen Blick auf die fotogene Felseninsel **Es Vedrà** **8** › **S. 100** gestattet.

 **Tour
7**

Wanderung zum höchsten Punkt der Insel

Route: Sant Josep › Sa Talaïa › Sant Josep

Karte: Seite 90
Dauer: 2–3 Std. zu Fuß
Praktische Hinweise:
- Die Gipfeltour ist für einigermaßen trainierte Wanderer nicht weiter schwierig, der Höhenunterschied liegt bei etwa 300 m.
- Geschlossenes Schuhwerk mit guten Sohlen ist empfehlenswert, denn teilweise führt der Weg über Schotterpisten mit losem Untergrund.
- Bei hohen Temperaturen sollte man unbedingt ein bis zwei Liter Wasser mitnehmen.

Tour-Start:

Der Wanderer kann sich freuen, wenn er schräg gegenüber der monumentalen Wehrkirche in **Sant Josep** **11** › **S. 101** das alteingesessene Lokal Bar Can Bernat Vinya entdeckt. Unmittelbar dahinter beginnt der Carrer sa Talaïa, der zunächst als beidseitig eingemauerter Steinpfad durch Obstgärten mäandert. In unregelmäßigen Abständen weisen Holzschilder mit dem Namen des Berges **Sa Talaïa** **12** › **S. 102** die Richtung. Später weitet sich der Weg zur Straße, die durch Pinienwälder und abgelegene Wohngebiete führt. Schon bald wird die Aussicht beeindruckend – sie reicht bis

Unterwegs im Westen

Tour 6

Buchten-Hopping

Sant Antoni › Port d'es Torrent › Cala Bassa › Cala Comte › Cala Tarida › Cala Vedella › Cala d'Hort

Tour 7

Wanderung zum höchsten Punkt der Insel

Sant Josep › Sa Talaïa › Sant Josep

zur Platja d'en Bossa – und über das Meer bis nach Formentera.

Es folgt eine Stelle, die zu Zweifeln berechtigt: Ist das wirklich der richtige Weg, der sich vor terrassierten Hängen auf steinigem Untergrund und ziemlich steil weiter den Berg hinaufschlängelt? Ja, die hier angebrachten Seile müssen nur kurzfristig dabei helfen, die Standfestigkeit zu sichern. Und keine Sorge: Danach wird die Wanderung wieder so leicht wie bisher. Und die Mühe lohnt sich: Zuweilen wechseln sich atemberaubende Ausblicke auf beide Küstenlinien nun in rasantem Tempo ab.

Nach gut einer Stunde ist das erste Gipfelplateau erreicht. Hier ringt das verlassene Domizil einer Madonna mit den unvermeidlichen Telekommunikationsanlagen um die Aufmerksamkeit der Wanderer.

Auf ein paar Betonkästen werben Parolen für ein freies Katalonien. Aber die Aussicht auf grün schimmernde Buchten und einen makellos blauen Horizont ist fantastisch. Rund 500 m weiter verspricht ein zweiter Gipfel einen noch besseren Blick, doch weit gefehlt. Er ist weniger exponiert und außerdem über einen Schotterweg mit dem Auto zu erreichen, sodass dort oben viel mehr Menschen sind.

Der Abstieg erfolgt auf derselben Route wie der Aufstieg zurück ins Dorf. Dabei gilt es, auf lose liegende Steine zu achten. Die besagte Bar Can Bernat Vinya ist sowohl bei Einheimischen wie Touristen beliebt. An einigen Tischen spielen betagte Männer bei einem Glas Rosé unter alten Bäumen Karten. Genau das richtige nach einer anspruchsvollen Wanderung.

Eine famose Aussicht eröffnet sich Gipfelstürmern vom Sa Talaïa

Unterwegs im Westen

Sant Antoni de Portmany **1** [C2]

Die zweitgrößte Stadt Ibizas gilt als Epizentrum des balearischen Partylebens und Hochburg britischer Sonnenanbeter. Doch der Ort nutzt alle Chancen, um sein Image aufzupolieren und nicht nur Pauschaltouristen etwas zu bieten – und ist dabei durchaus erfolgreich. Schließlich gehört die hufeisenförmige Bucht von Sant Antoni von der Lage her zu den schönsten der gesamten Insel. Die Neugestaltung der Uferpromenade ist sehr gut gelungen. Und das Café del Mar und seine Satelliten besitzen im Licht der untergehenden Sonne eine geradezu erhabene Aura. Es macht viel Spaß, die schönen Seiten der Stadt, fernab vom Partyrummel, zu entdecken. Beim Bummel am Meer entlang und durch die Altstadt kann man die frische Meeresluft und stille Ecken genießen. Immerhin ist der Konsum von Alkohol in der Öffentlichkeit verboten, auch wenn sich die Umsetzung mangels Personals als schwierig erweist.

Wer allerdings Lust auf Party und etwas zu feiern hat, schätzt die nach wie vor ideale Infrastruktur: Schnell findet man Anschluss an gleichgesinnte Urlauber, die ihren Durst im Carrer de Santa Agnès stillen und gutgelaunt durch Schuppen wie das Eden oder das Es Paradis ziehen – ihre Hotels können sie von da aus notfalls auf allen Vieren erreichen. Und tagsüber chillen die einen ruhig an der Cala Gració oder besuchen das Aquarium Cap Blanc im Norden der Stadt. **50 Dinge** ㉙ › S. 15. Die anderen vergnügen sich am Stadtstrand s'Arenal bei Limbo-Tanz und Stand-up-Paddling. So unterschiedlich können die Impressionen von Sant Antoni sein.

Uferpromenade Carrer Ponent **A** [a1–c3]

Die Lage von Sant Antoni de Portmany ist ohne Zweifel mit allen Vorzügen ausgestattet. Dies erschließt sich bereits bei einem Vorstoß zu der kleinen Landzunge, auf der sich an der Uferpromenade die Kasbah Sunset-Bar befindet. Der Blick aufs Meer fällt hier in Richtung Westnordwest – doch ehe man der Versuchung zu Tagträumen und Schwelgereien völlig erliegt, gilt es die Uferpromenade angemessen zu würdigen. Sie verläuft von der Bar aus **!** über eine Strecke von knapp 5 km ohne Autoverkehr an der Küste entlang. Vor allem Einheimische nutzen den Carrer Ponent zum Joggen und Radfahren, sind ebenerdige Wege ohne motorisierte Störfaktoren auf der Insel doch sonst absolute Raritäten.

Auch der geneigte Flaneur sollte dem Boulevard einiges abgewinnen können. Auf dem Weg in Richtung Süden gefällt neben dem azurblauen Wasser zunächst vor allem der Blick auf die vorgelagerte Illa Sa Co-

Auf dem Hafenpier kann man Sant Antoni in Ruhe aus der Ferne genießen

nillera. Nach rund 700 m kündigt sich durch sanft pluckernde Elektroniksounds jene Institution an, die sich seit den 1990er-Jahren zu einem Synonym für Ibiza gemausert hat: das Café del Mar.

Café del Mar ⓑ [a2]

1980 ins Leben gerufen, als der Massentourismus auf Ibiza erst noch erfunden werden musste, entwickelte sich das Café del Mar bis heute zu einer Sehenswürdigkeit ersten Ranges. Wer mag, kann sich im großflächigen Merchandisinggeschäft mit T-Shirts oder Tonträgern eindecken, oder eben im Lokal bei Musik mit Blick auf die untergehende Sonne einen Drink oder eine Mahlzeit einnehmen. ❚ Das Schöne aber ist, dass sich der Kommerz auch umgehen lässt: Meist ist auf den Tribünen, die unterhalb der Straße zwecks Bewunderung des allabendlich wiederkehrenden Naturschauspiels aufgestellt wurden, noch Platz vorhanden. Und während die Gäste des Cafés und seiner Nachbarn die Wirtschaft ankurbeln, ist das Vergnügen eine Etage tiefer kostenlos. Dabei gilt es nur zu beachten, dass der öffentliche Konsum mitgebrachter alkoholischer Getränke in Sant Antoni offiziell verboten ist.

Platja de s'Arenal ⓒ [c3]

Am Ufer der Bucht breitet sich der Stadtstrand s'Arenal aus. Die Uferpromenade begleitet als gut ausgebauter Fuß- und Radweg auch hier das Meer. Ansonsten aber ist der Strand je nach Tages- und Jahreszeit Schauplatz mehr oder weniger gewöhnungsbedürftiger Aktivitäten. Beliebt sind Limbo-Wettbewerbe, Bungee-Springen, Minigolf, aber auch Großraumdiscos wie das Eden und das Paradis. Bei der Freizeitgestaltung vor Ort spielt es eine wichtige Rolle, dass die Hotels und Apartmentkomplexe vor allem von trinkfreudigen britischen Pauschaltouristen bewohnt werden, die ihren Alkoholpegel in den nahe gelegenen Gaststätten hoch halten.

Der Trubel ist ein Phänomen für sich und mal einen Blick wert, für einen geruhsamen Strandtag aber ist diese Gegend entsprechend nicht geeignet. Massenunterkünfte flankieren den Strand von Sant Antoni über Kilometer hinweg. Doch es gibt auch Lichtblicke: Das wohl schönste Lokal befindet sich weit im Westen und heißt Kumharas: Hier, im Schatten eines Wehrturmes, kann man die coolen Drinks bei elektronischer Musik und Premiumausblick genießen – besonders abends, wenn der Turm hübsch angeleuchtet wird.

Unterwegs in Sant Antoni

Tour ⑤

Die schönen Seiten von Sant Antoni

Carrer Ponent › Café del Mar › Port de Sant Antoni › Platja de s'Arenal › Altstadt › Carrer Santa Agnès

Ⓐ Uferpromenade Carrer Ponent
Ⓑ Café del Mar
Ⓒ Platja de s'Arenal
Ⓓ Ou de Colom
Ⓔ Altstadt
Ⓕ Carrer de Santa Agnès

Ou de Colom [c2]

Kreisverkehrskunst ist so eine Sache. In Sant Antoni sorgt sie in einem Falle für Aufsehen: Zwischen dem Hafenbecken und den Hauptverkehrsstraßen trotzt eine gigantische eiförmige Skulptur der Sonne. Das »Ei des Kolumbus« hat in der Mitte ein Loch, in dem Kolumbus' Flaggschiff Santa Maria gen Westen zu segeln scheint. Dabei handelt es sich um eine 6 m hohe Reminiszenz an die Legende, nach der der große Entdecker Christoph Kolumbus auf Ibiza geboren wurde.

Altstadt ⓔ [b2]

Am Port de Sant Antoni setzt sich das Wechselbad der Gefühle fort. Der Carrer Bisbe Torres ist eine durchaus gepflegte Gasse, die weiter stadteinwärts zur Plaça de s'Església mit der prächtigen Wehrkirche San Antoni aus dem frühen 14. Jh. führt, die an diesem Ort erscheint wie aus der Zeit gefallen. Obwohl einige profane Bauten der weiß gekalkten Kirche recht nahe rücken, konnte sie sich viel ihrer einstigen Grandezza bewahren.

Während der leicht erhöht gelegene Kirchplatz Würde ausstrahlt, liegt nur wenige Schritte weiter in der **Carrer de Santa Agnès** ⓕ [b2] das Epizentrum des Partyvolks: Hier konzentrieren sich auf nur 150 m vom schottischen Pub The Highlander, über die Disco The Sin bis zur Cocktailbar Ground Zero die meisten Kneipen und Bars. Und alle finden ihr Publikum, das ausgelassen durch die Straße zieht – und manchmal ins Wanken gerät.

Infos

Touristeninformation

Hier gibt es auch Informationen zur Umgebung – und wer mag, kann ein motorisiertes Bimmelbähnchen nach Santa Agnès besteigen.

• Passeig de Ses Fonts 1
  Sant Antoni de Portmany
  Tel. 971 34 33 63
  http://visit.santantoni.net
  Mo–Fr 10– 20.30, Sa/So 10–14 und 17–20 Uhr.

Busse

Zwischen dem Flughafen Ibiza und Sant Antoni verkehrt die Linie 9 von Ibizabus (http://ibizabus.com).

Hotels

Ibiza Rocks Hotel at Pikes €€€

Über 500 Jahre altes Landhaus in den Hügeln östlich von Sant Antoni. Die Geschichte ist bewegt und zugleich der Beweis, dass der Ibiza-Hype keine Erfindung der Gegenwart ist: Hier hatte Queen-Sänger Freddy Mercury sein eigenes Zimmer, das heute nach ihm benannt ist. Als der Besitzer noch Tony Pike hieß, wurde hier das Club-Tropicana-Video von Wham! aufgenommen.

• Camí de Sa Vorera | Sant Antoni
  Tel. 971 34 22 22
  www.ibizarockshouse.com

Hostal la Torre €€

Seltener Glücksfall eines einfachen, aber gepflegten Hostals mit Zwei- und Dreibettzimmern. Der Ausblick auf die Klippen von Cap Negret ist formidabel. Auch das Restaurant ist prima.

• Carretera Cap Negret 25
  Sant Antoni | Tel. 971 34 22 72
  www.latorreibiza.com

Am Cafe del Mar bei Sonnenuntergang

Restaurants

Café del Mar €€–€€€

Eine Institution von Weltruf und zugleich kulturelles Aushängeschild der kleinen Mittelmeerinsel. Doch die Wohlfühlatmosphäre hat ihren Preis.

• Carrer Vara Lepant 27 | Sant Antoni
  www.cafedelmarmusic.com
  tgl. ab 17 Uhr

Can Pujol €€

Dort, wo der »Strip« von Sant Antoni sich langsam auflöst (und die Straße für ein kurzes Stück direkt am Meer entlangführt), befindet sich ein unauffälliges, aber vor allem bei Einheimischen populäres Fischrestaurant. Wenn das Team auf dem Markt keine zufriedenstellende Ware findet, bleiben die Türen geschlossen.

• Carrer des Caló | Port d'es Torrent
  Tel. 971 34 14 07
  www.restaurantecanpujolibiza.com
  tgl. 13–16 und 19.30–23.30 Uhr

El Bistrot de Stephan €€

Französisches Restaurant, das sich wohltuend von der Masse abhebt: Der Namenspatron steht in der offenen Kü-che persönlich am Herd und ❗ verwöhnt die Gäste zu moderaten Preisen mit einfallsreichen Kreationen. Französische Behaglichkeit und sehr gute Küche mitten in Sant Antoni.

• Carrer del Bispe Torres 3 | Sant Antoni
  Tel. 871 71 49 17 | tgl. 17–1 Uhr

Kumharas €

Strandbar mit unverstelltem Blick auf die Illa Sa Conillera und den Sonnenuntergang. Wahrzeichen ist ein Wehrturm, der bei Dunkelheit effektvoll angestrahlt wird. Aus den Boxen schallt vorzugsweise Reggae, gelegentlich zeigen Feuerschlucker und andere Lebenskünstler ihr Können.

• Carrer de Lugo | Cala de Bou
  Tel. 971 80 57 40
  www.kumharas.org

Nightlife/Klubs

Eden

An der Spitze zu bleiben, ist kein einfaches Unterfangen. Diese Erfahrung musste das Eden als einer der Klubveteranen der Insel machen. Nach Besitzerwechsel und aufwendiger Renovierung versucht das Haus mit seinem Fassungsvermögen von 3000 Personen nun ein Comeback mit einem Tech-House und einem Klub im Klub (Next) für eher undergroundige Sounds.

• Carrer Salvador Espriu
  Sant Antoni
  Tel. 931 81 66 46
  www.edenibiza.com

Es Paradis

Laut, schrill und aufwendig dekoriert – das Es Paradis schreckt nicht vor Beats am helllichten Tage zurück und ist berüchtigt für seine Wasserpartys. Auf dem

Blue Dance Floor hingegen beginnt die Nacht erst um 4 Uhr morgens.

- Carrer Salvador Espriu 2
  Sant Antoni
  Tel. 971 34 66 00
  www.esparadis.com

Ibiza Rocks

Auf der Insel legen nicht nur DJs auf, nein, es gibt auch Livekonzerte unter freiem Himmel. Die Grundstimmung ist im Stile der Insel hedonistisch und das eigene Auftreten körperbetont. **50 Dinge** ⑨ › **S. 13.**

- Carrer Cervantes 27
  Sant Antoni
  www.ibizarocks.com

Port d'es Torrent ② [B2]

Die Namensgebung von Orten, Gemeinden und sogar Straßen ist auf Ibiza vielerorts verwirrend. Kaum irgendwo ist klar ersichtlich, warum das eine dem anderen zugeordnet wird. Das ist auch westlich von Sant Antoni der Fall: Wenn man glaubt, die Ausläufer würden nie enden, nennt sich der Ort plötzlich Port d'es Torrent und gehört zur Nachbargemeinde Sant Josep. Aber dicht bebaut und ziemlich touristisch ist es auch hier noch.

Bar

Brauerei Ibosim €

Der Craft-Beer-Trend mag auf Ibiza erst spät angekommen sein. Nachdem sie in Flaschen bereits seit geraumer Zeit auf dem Markt sind, können die Porter, Pale Ale und Weissbiere von Ibosim nun auch in der hauseigenen Brauerei verkostet werden. **50 Dinge** ⑱ › **S. 14.**

- Carrer València 4 | Port d'es Torrent
  Tel. 670 60 55 30
  www.cervezaisosim.com

Shopping

Es Cuco

Etwas außerhalb gelegen, eignet sich dieser kettenunabhängige Supermarkt für Einkäufe aller Art: Für Strand oder Wanderung gibt es hausgemachte Empanadas und frisches Obst, für den Grill ausgesuchtes Fleisch und Gemüse oder schmackhafte Inselprodukte wie Hierbas oder Nougat. **50 Dinge** ⑳ › **S. 14.**

- Carrer Port d'es Torrent
  (Kreisverkehr Carrer de Cala Conta/
  Carrer Valencia)
  Sant Agustí | Tel. 971 34 32 70
  www.escucoibiza.com
  Mai–Nov Mo–Sa 8–15 und 17–21,
  So 9–13.30, sonst tgl. 8–14.30 und
  17–20 Uhr

Cala Bassa ③ [B2]

Schönheit hat ihren Preis. Im Falle der Cala Bassa bedeutet dies: Die Bucht ist wohlgeformt, mit einem breiten Sandstrand gesegnet und im Hinterland mit typisch mediterraner Vegetation bewachsen. Außerhalb der Saison versetzt die Kombination dieser Eigenschaften die Besucher in Verzückung. Weil die Cala Bassa jedoch nur wenige Kilometer von Sant Antoni entfernt ist, fallen vor allem von Juni bis September mehr Menschen hier ein, als die zierliche Bucht verkraftet. Immerhin ist die Bebauung höchst spärlich.

Cala Comte 4 [B2]

Eine balearische Bilderbuchbucht mit der Anmutung einer einsamen Insel. Streng genommen besteht die Cala Comte aus drei kleinen Buchten, die jeweils durch einen kleinen Landvorsprung getrennt sind. Bei dem Versuch, die Farbe des Wassers angemessen zu beschreiben, fällt oft das Wort karibisch. Tatsächlich scheint das Blau hier noch ein wenig sanfter, als bei vergleichbaren Buchten. Zudem ist die Bebauung mit nur einer Handvoll Restaurants angenehm zurückhaltend. Weil außerdem mit der Illa des Bosc und der Illa Sa Conillera gleich zwei dekorative Inseln den Horizont auffrischen, würden sich viele Kenner der Westküste bei der Wahl der schönsten Bucht für die Cala Comte entscheiden.

Restaurants

Sunset Ashram €€€
Wie im Namen verbrieft, lädt die exklusive Lage gewiss auch zum Meditieren ein. Die meisten Besucher allerdings kommen wegen der vorzüglichen Fischgerichte in beneidenswert schöner Lage. Die Küche beherrscht neben mediterranen Gerichten auch Sushi und indische Kreationen.
• Cala Comte | Sant Josep
  Tel. 661 34 72 22
  www.sunsetashram.com
  tgl. 10–0 Uhr

S'Illa des Bosc €€–€€€
Anspruchsvolles aber keineswegs überkandideltes Strandrestaurant, das seinen Namen von der vorgelagerten Insel und die Ingredienzen vieler seiner Gerichte aus dem Meer bezieht. Wer sich etwas Besonderes gönnen möchte, bestellt den Fischeintopf Bullit de Peix.
• Cala Conta | Sant Josep
  Tel. 971 80 61 61
  www.silladesbosc.com

Cala Tarida 5 [B3]

Der größte, breiteste und vielleicht auch weißeste Strand der Westküste ersteckt sich in der gut geschützten Cala Tarida. Auch heute noch ahnt man, dass die Vokabel paradiesisch für diese Bucht nicht übertrieben war. Heute jedoch urlaubt es sich aufgrund teurer Liegen nicht mehr ganz unbefangen. Immerhin: Es ist ruhig und familienfreundlich. Wer nur seinen Körper angemessen zur Schau stellen möchte, kann dies auch auf einem Felsen machen, der sich in Sichtdistanz zu den Liegen befindet. Das Idyll von einst ist leider durch die Bauwut vergangener Jahrzehnte leicht beeinträchtigt. Immerhin sind es keine Hochhäuser, die ihren Schatten auf die Landschaft werfen. Die Bucht ist ideal zum Schnorcheln oder um in der Sonne zu brutzeln. Der Blick auf die sanft schaukelnden Segelboote vor der Küste wirkt beruhigend auf jedes Gemüt.

Restaurants

Cotton Beach Club €€€
Aus Sicht des Normalurlaubers ist dieses Etablissement ein Fall für ganz außergewöhnliche Augenblicke: ❗ Weiß wie ein Ibiza-Shirt und luxuriös wie der Urlaub auf einer Jacht. Wer es teuer mag, be-

stellt eine Sushiplatte für 435 € und gegen den Durst die Flasche Champagner für 1600 €.
- Carrer Posta de Sol 21 | Cala Tarida
  Tel. 971 80 61 80
  www.cottonbeachclub.com

Aisea Terraza Bar €–€€
Vergleichsweise junges Lokal mit frischer Tapaskarte, ein wenig Seafood, guten Cocktails und gelegentlicher Livemusik.
- Cala Tarida Nord | Sant Josep
  Tel. 971 80 61 67
  www.aiseaibiza.com

Cala Vedella 6 [B3]

Ein veritables, wenn auch scheinbar nie ganz fertiges Feriendorf hat sich derweil um die Cala Vedella angesiedelt. Schotterstraßen unterstreichen den leicht provisorischen Charakter. Doch eine Visite lohnt allein wegen der recht abenteuerlichen Anfahrt – und für einen Besuch im ibizenkischen Restaurant Cana Sofia mit Blick aufs Meer.

Restaurant
Cana Sofia €€–€€€
Die Einrichtung mag kitschig anmuten. Doch die Küche ist so authentisch ibizenkisch, wie es nur geht. Die Kasserolle mit schwarzem Reis ist zu empfehlen. Wer seit Tagen nichts gegessen hat, schafft auch das wirklich üppige Probiermenü. Ansonsten kann man es sich teilen. **50 Dinge** ⑭ › S. 13.
- Carrer Castelldefels 10
  Cala Vedella | Tel. 971 80 82 73
  www.canasofia.com
  tgl. 11–21, Nov.–März nur bis 18 Uhr

Die Cala Vedella von der Wasserseite

Cala d'Hort 7 [B3]

Der Weg zu dieser Bucht fällt am Ende so steil ab, dass man seinen Wagen kaum hinunterzusteuern wagt. Auch ist der Strand nicht der feinste. Allerdings ist die eigentliche Besonderheit der Cala d'Hort der Ausblick, der mit Fug und Recht als spektakulär bezeichnet werden kann: Die Bucht nämlich öffnet sich gen Süden, wo in der Nähe die mythenumrankte Felseninsel Es Vedrà aus dem satt-türkisfarbenem Wasser emporragt.

Restaurants
Cala d'Hort €€
Familienbetrieb mit traditioneller ibizenkischer Küche und spektakulärem Ausblick auf Es Vedrà. Für einen unbezahlbaren Ausblick recht günstig.
- Cala d'Hort | Tel. 971 93 50 36

El Carmen €€
Ein verheißungsvoller Ausblick – in diesem Fall auf Es Vedrà – muss noch nicht bedeuten, dass man als Gast abgezockt wird. Dies beweist das sehr populäre

Restaurant, das seinen rustikalen Charakter durch eine ebensolche Paella untermauert.

• Cala d'Hort | Tel. 971 18 74 49

Es Vedrà 8 ⭐ [B4]

So wie das Café de Mar den Sound Ibizas definierte, steht Es Vedrà für die mythische Aura. Die vorgelagerte Felseninsel dominiert mit ihrer Höhe von 382 m die Südwestflanke Ibizas, vor allem von der Nachbarinsel Formentera ist ihr Anblick sehr imposant.

Das komplett als Naturschutzgebiet ausgewiesene Eiland ist unbewohnt. Die letzten Bewohner, ein Dutzend Ziegen, wurden ausquartiert, weil die Tiere endemische Arten gefährdet hatten. Unter anderem lebt auf Es Vedrà eine Eidechsenart, die ausschließlich hier vorkommt.

Abgesehen davon ranken sich einige Mythen um die Insel. So glaubten die Ibizenkos bereits ohne den Konsum von Rauschmitteln, dass der Felsen die Spitze des versunkenen Atlantis sei. Die gleichsam zur Mythenbildung neigenden Hippies attestierten dem Berg wahlweise magische oder auch magnetische Kräfte. Auf jeden Fall gehört der überaus fotogene Felsen im Meer, der schon das Plattencover von Mike Oldfields Album »Voyager« zierte, zu den beliebtesten Fotomotiven der Ibizareisenden.

Den besten Blick von Ibiza auf die Felseninsel bietet der **Mirador Illa Es Vedrà** an der Steilküste zwischen der Cala d'Hort und Atlantis Sa Pedrera. Dafür muss man von der PMV-803-1 in die Stichstraße Diseminado Can Blanc zum Meer hin abbiegen (letzter Abzweig links vor Cala d'Hort).

Es Vedrà, die karge Felseninsel im Mittelmeer, fasziniert aus jeder Perspektive

Atlantis
Sa Pedrera 9 [B4]

Die zerklüftete Küstenpartie, die von den Hippies den Kosenamen Atlantis erhielt, erinnert mit ein wenig Fantasie tatsächlich an eine untergegangene Stadt. Seit dem 16. Jh. hieß Atlantis allerdings Sa Pedrera, was schlicht die katalanische Bezeichnung für einen Steinbruch ist. Hier gewann man beispielsweise Steinquader für den Bau der Stadtmauer von Eivissa.

Es gilt einen steilen Abstieg zu bewältigen, der an allerlei Steinmännchen und -kreisen vorbeiführt, die für eine esoterische Aura bürgen. Fällt der Blick dann auf die überraschend geometrisch geformten Gesteinsformationen, scheint das Mitwirken höherer Mächte keineswegs ausgeschlossen. Ein Bad in den seminatürlichen Pools hier gehört zum Pflichtprogramm. Festes Schuhwerk, Badesachen und ausreichend Getränke mitnehmen.

Sant Agustí des
Vedrà 10 [C3]

Das 200-Seelen-Dorf liegt abseits der Schnellstraße von Sant Antoni nach Sant Josep auf einer Hügelkuppe, wo es einen fast schon vergessenen Eindruck macht. Die wenigen Gassen führen vorbei an rustikalen Häusern, in deren Zentrum eine simple Wehrkirche alle Augen auf sich zieht. Der Ort gilt als Heimstatt von Künstlern, seit der deutsche Komponist, Autor und Filmemacher Hans Helfritz (1902–1995) sich hier in den 1950er-Jahren niedergelassen hatte. Die **Galerie Berri** pflegt mit Wechselausstellungen lokaler Kunst dieses Image (Plaça de la Església, Mo–Fr 9–14 und 17 bis 20.30 Uhr).

Restaurant
Can Berri Vell
In alten Gemäuern befindet sich dieses wunderbare Lokal, das sich auf die moderne Auslegung der traditionellen ibizenkischen Küche spezialisiert hat. Für den Start empfiehlt sich die Verkostung heimischer Olivenöle und zum Abschluss sollte man auf keinen Fall einen Nachtisch versäumen. Natürlich finden sich auf der Weinkarte Erzeugnisse lokaler Winzer. **50 Dinge** ⑯ › S. 14.
• Plaça Major | Sant Agustí
  Tel. 971 34 43 21
  www.canberrivell.es
  April–Okt. Mo–Sa ab 20 Uhr,
  Juli/Aug. tgl.

Sant Josep de Sa
Talaïa 11 [C3]

In den Gassen abseits der Hauptstraße offenbart sich, wie das Lebensgefühl in dem 500-Seelendorf früher gewesen sein muss. Hier wechseln sich wuchtige Steinhäuser und moderne Villen ab, deren Bewohner zum Teil auf das Meer blicken können. Der herrliche Dorfplatz, die wunderbare Kirche und eine intakte Einzelhandelsstruktur verleihen dem Ort unwiderlegbare Reize.

Die 1731 errichtete Wehrkirche **Església de Sant Josep** ist außergewöhnlich gut proportioniert: Über den drei Torbögen einer großen Vorhalle ragen zwei schlichte Geschosse mit kleinen Öffnungen empor, gekrönt vom Dachreiter mit der Glocke. Das ursprüngliche Interieur wurde während des Spanischen Bürgerkriegs weitgehend zerstört. Eine Ausnahme bildet die hölzerne Barockkanzel, die mit Arbeiten des mallorquinischen Malers Josep Sánchez de Ocaña aus den Jahren 1761 und 1763 dekoriert ist (April–Okt. Di–So 10–14 Uhr).

Hotel

Los Jardines de Palerm €€€
Luxuriöses Boutiquehotel mit geschmackvoll eingerichteten Zimmern und von subtropischer Vegetation überbordenden Außenanlagen. Ein weiterer Vorzug: Bis zu den Restaurants und Bars von Sant Josep sind es zu Fuß nur wenige Minuten.
• Can Pujol d'en Cardona 34
  Sant Josep | Tel. 971 80 03 18
  www.jardinesdepalerm.com

Restaurants

Bar Can Bernat Vinya €
Hübscher Ort zur Einkehr nach einer Wanderung. Leckere Sandwiches.
• Carrer de Pere Escanelles | San Josep
  Tel. 971 80 07 03

Bar Destino €
Beliebtes Etablissement, das die Tapaskultur um Gerichte afrikanischer und asiatischer Herkunft erweitert.
• Carrer sa Talaïa 15 | Sant Josep
  Tel. 971 80 07 03

Shopping

Boutique Cactus
Ibiza-Fashion mit Schwerpunkt auf Pastellfarben. Hübsch arrangiert.
• Carrer Can Pou 4 | Sant Josep
  Tel. 971 80 00 14

Sa Talaïa 12 ⭐ [C3]

Die mit 476 m höchste Erhebung Ibizas trägt den schlichten Namen Sa Talaïa, was auf Arabisch schlicht Aussichtspunkt bedeutet. Und tatsächlich bietet der langgestreckte Gipfel einen hervorragenden Blick über Ibiza und Formentera, an klaren Tagen ist sogar das Festland zu erkennen. Doch zeigt der Gipfel auch Narben der Zivilisation: Verwitterte Telekommunikationsanlagen und Stromhäuschen stammen aus Zeiten der Franco-Diktatur.

Cala Salada 13 [C2]

Zwischen Sant Antoni und Santa Agnès zweigt nach etwa 2 km die Straße zur Cala Salada ab. Zwar ist die Sandfläche klein, doch das glasklare Wasser und die Umgebung mit pinienbewaldeten Hängen und schroffen, rötlichen Felsen machen die Bucht zu einer der ansehnlichsten der Insel.

Santa Agnès de Corona 14 [C1]

Viele Städter träumen vom einfachen Landleben. Das Dorf Santa Agnès dürfte ihrem Ideal entsprechen: nur wenige Häusern, die un-

Eine strahlende Erscheinung ist die Wehrkirche Església de Sant Josep

vermeidliche weiß gekalkte Kirche und zwei Gaststätten. Im Februar erreicht das pastorale Idyll seinen Höhepunkt – dann nämlich blühen um Santa Agnès die Mandelbäume. Obwohl weniger als 10 km Luftlinie von Sant Antoni entfernt und von da mit der Bimmelbahn zu erreichen, bleibt der Ort von größeren Besuchergruppen meist verschont. Die steilen Hügel und die kurvenreiche Straße dienen als Puffer.

Hotel
Can Partit €€€
Landgut mit acht geschmackvoll eingerichteten Zimmern. In der Nähe gedeihen die berühmten Mandelbäume. Das Anwesen kann wochenweise auch vollständig gemietet werden.
• Santa Agnès | Tel. 971 80 55 56
  www.canpartit.com

Restaurant
Can Cosmi €
Auch wenn Ibiza klein ist, bedeutet es viel, dass die Kunden den Weg von der anderen Seite des Eilands in Kauf nehmen, um die Tortillas des Hauses zu bestellen. Genau dies aber wird einigen Gästen nachgesagt.
• Plaça de Iglesia | Santa Agnès
  Tel. 971 80 50 20

Pla de Corona 15 [C1/2]

Ein wenig abseits der Hauptverkehrswege befindet sich die Ebene von Santa Agnès. Jedes Jahr Ende Januar/Anfang Februar wird sie zur Bühne für ein Naturschauspiel: die Mandelblüte. Das zartrose Blütenmeer schmeichelt dem Auge: Einheimische und Snow Birds (Winterresidenten) strömen deswegen zur Pla de Corona – am liebsten in klaren Vollmondnächten, wenn sich die Blüten auf geheimnisvolle Weise öffnen. Nachtwanderungen werden sowohl von Sant Antoni aus als auch vor Ort angeboten. Gebucht werden können sie über die Vereinigung der ibizenkischen Touristenführer (www.guiasibiza.com).

103

DAS INLAND

Kleine Inspiration

- **Den Kreislauf in Schwung bringen** mit einer ordentlichen Wanderung nach Balàfia › S. 109
- **Den vollen Kaffeeduft einatmen** der fair gehandelten und frisch gerösteten Bohnen bei Meke › S. 111
- **Durchtanzen bei der deutschen Nacht** mit Sven Väth im Amnesia in Sant Rafel › S. 115

Eivissa

Ibiza ist klein – und doch könnten die regionalen Unterschiede kaum größer ausfallen. Während die Küsten überall dort, wo es die Topografie zulässt, dicht bebaut sind, ist das Inland überraschend rau und ursprünglich.

Die Dörfer der Ibizenker fernab der Badestrände haben in den zurückliegenden zwei Jahrzehnten damit begonnen, sich einer sanften Form des Tourismus zu verschreiben. Ihr Erscheinungsbild ist äußerst gepflegt und die Atmosphäre ist betont gemütlich. Rund um den Dorfplatz, in dessen Mitte sich mit einiger Verlässlichkeit eine trutzige Wehrkirche befindet, können Besucher fast überall aus einer Reihe guter Restaurants auswählen, um die ruhige Stimmung und das häufig mit regionalen Bioprodukten zubereitete Essen zu genießen. An ausgesuchten Tagen kommen interessante Märkte hinzu. Dann geht es weniger beschaulich, sondern eher sehr geschäftig zu.

Architektonisch fallen Dörfer wie Sant Carles oder Santa Gertrudis durch viele weiß getünchte Bauten auf. Die Bevölkerungsstruktur weist neben den alteingesessenen Insulanern auch die sogenannte Residenten auf – also Einwanderer, die mehr oder weniger dauerhaft auf der Insel leben.

Auch wenn die Verbindungsstraßen zwischen den einzelnen Ortschaften zum Teil immer noch recht abenteuerlich sind, können Besucher bequem mehrere Dörfer an einem Tag besichtigen – dabei nimmt das Bild von einem »anderen Ibiza« konkrete Formen an.

Das Inland ist auch das bevorzugte Terrain von Ausdauersportlern. Sowohl Wanderer als auch Mountainbiker schätzen die nicht asphaltierten Wege. Die Infrastruktur könnte zwar – vor allem bezüglich der Beschilderung – besser sein, aber die lokalen Behörden haben das Problem erkannt und arbeiten an Verbesserungen.

Nicht zuletzt ist das Inland die Heimat jener umgebauten Landgüter, die heute als Agroturismo firmieren. Hierher kommen all jene, die auf Ibiza tatsächlich Erholung suchen und einfach nur die herrliche Natur genießen wollen.

Oben: Ein Domizil in Sant Carles
Links: Einsame Straßen führen ins Inland

Tour in der Region

 ## Die weißen Orte im grünen Herzen

Route: Sant Carles › Sant Llorenç › Santa Gertrudis › Sant Rafel

Karte: Seite 108
Dauer: 6 Std., ca. 40 km
Praktische Hinweise:
- Ein Mietwagen ist mehr oder weniger unabdingbar.
- Bei der Streckenlänge wäre zwar auch ein Fahrrad denkbar. Allerdings sollte man dann – wegen des anspruchsvollen Profils – einigermaßen trainiert sein, teils sind die Wege sehr holprig. Darüber hinaus setzen die im Sommer durchaus viel befahrenen Straßen eine gewisse Furchtlosigkeit voraus.

Tour-Start:

Ein beschauliches Dorf. So darf man **Sant Carles de Peralta** **1** › S. 107 bezeichnen. Das ist im Vergleich zur Küste eine Wohltat und zugleich ein interessanter Kontrast, denn in der Hauptsaison wird mancher Besucher nicht um die melancholische Beobachtung herumkommen, dass Ibiza auf dem Weg ist, zu einem reinen Ferienpark zu mutieren. Hier aber trifft die Faustregel zu, die auf Ibiza kursiert und nach der sich einigermaßen authentische Lebenssituationen erst in fünf Straßenkilometern Abstand zu Buch-

ten, Stränden, Klubs und ähnlichen Toplocation finden lassen. Mit Las Dalias und der Bar Anita ist Sant Carles außerdem Heimat zweier Hippie-Ikonen. Nach rund 1 km in Richtung Sant Vicent führt eine schmale Landstraße in Richtung Westen, die nach 7 km in die E 10 mündet. Das neueste Straßenbauprojekt Ibizas ist nach jahrelangen Bauarbeiten nun fertig, doch nicht jeder ist begeistert, dass die Schnellstraße die Fahrtzeit nach Eivissa weiter verkürzt. Mancher befürchtet, dass es bald mit der Ruhe vorbei ist und auch der Nordosten immer mehr Touristen anzieht. Davon ist **Sant Llorenç** **2** › S. 109 weit entfernt. Nach einer kleinen Links-rechts-Kombination (500 m nach Süden, dann 500 m nach Westen) taucht der hübsche Ort mit der markanten Wehrkirche auf. Keine 10 km weiter südwestlich hat sich **Santa Gertrudis** **3** › S. 111 zum geschäftigsten Dorf der Insel gemausert. Sein herrliches Erscheinungsbild mit vielen Restaurants, Galerien und Geschäften machen den Ort zur heimlichen Hauptstadt des Qualitätstourismus. Es folgt das ebenso verkehrsgünstig wie hübsch gelegene und im Kern durchaus beschauliche **Sant Rafel** **4** › S. 113, jahrhundertelang das Zentrum der Keramikproduktion, einige Werkstätten existieren noch und sind einen Besuch wert. Außerdem wirbt das Dorf mit dem Privilege, der angeblich größten Disco des Planeten.

Unterwegs im Inland

Sant Carles de Peralta **1** [F2]

Sant Carles ist eingebettet in eine sanfte Hügellandschaft, auf der sich Obsthaine und Nadelwälder ausbreiten, aber dem ungehinderten Blick aufs Meer fast überall im Wege stehen. Mit Geschäftssinn ausgestattete Hippies erstanden nicht selten gut gelegene Grundstücke und sind im Übrigen schuld, dass nur von Sonntag bis Freitag Ruhe im Ort herrscht.

Jeden Samstag wird unterdessen vor den Pforten des Ortes der wohl bekannteste Hippiemarkt der Welt veranstaltet: **Las Dalias** ⭐. Mit schöner Regelmäßigkeit verstopfen dann mehrere Zehntausend Besucher Parkplätze und Straßen – vor allem aus Richtung Eivissa. Inzwischen gibt es im Sommer auch einen Nachtmarkt. Der Markt avancierte zum Markenzeichen Ibizas. Wenigstens einmal im Jahr tourt er durch Städte wie Berlin. Mailand oder Amsterdam (Carretera Eivissa–Sant Carles de Peralta, km 12, Tel. 971 32 68 25, www.lasdalias. com, Sa 10–20 Uhr, zusätzlich Nachtmarkt Juni–Sept. Mo und Di, im August auch So 19–1 Uhr). **50 Dinge** (39) › S. 16.

Bei so viel Zuspruch ist es nicht verwunderlich, dass es zum Wochenendauftakt auch in einer weite-

Knallig bunt und flippig präsentiert sich der Hippiemarkt Las Dalias

ren Hippie-Pilgerstätte, der Bar Anita ordentlich voll ist. Ein Geheimtipp für einen Sonnenuntergang in intimem Rahmen ist jedoch die Poolterrasse des Agroturismo Can Curreu, die wie das Restaurant auch Nichtgästen offen steht.

Hotel

Can Curreu €€€

Herrliches Landgut mit geschmackvoll im Inselstil eingerichteten Zimmern. Das Hotel gehört zu den schönsten der Insel.
! Die Anlage befindet sich inmitten einer Obstplantage. Im Restaurant wird ambitioniert gekocht.

• Carretera Sant Carles, km 12
  Sant Carles
  Tel. 971 33 52 80
  www.cancurreu.com

Restaurant

Bar Anita €–€€

Ein Monument aus dem Zeitalter, als die Hippies das Regiment auf Ibiza führten. Bis heute ist das Interieur weitgehend unverändert: In den Briefkästen wird die Post jener Fincabesitzer eingelagert, deren Domizile weiter außerhalb liegen. Die Küche ist klassisch spanisch. Viele Gäste vertreiben sich hier auch die Zeit mit *café solo* und *hierbas*.

• Lugar Barri Sant Carles
  Tel. 971 33 50 90

Sant Llorenç de Balàfia ❷ [E2]

Wer sich vorgenommen hat, Ibiza richtig zu erkunden, wird immer wieder durch Sant Llorenç kommen. Nähert man sich dem Ort aus der Richtung von Santa Gertrudis, ist seine Erscheinung besonders imposant, denn dann fällt der Blick schon aus der Ferne auf die mächtige Kirche. Unsichtbar bleibt bei der Durchfahrt das im 16. Jh. errichtete Dorf Balàfia rund 1 km ostnordöstlich des heutigen Ortes. Das entlegene Dorf kann über einen Feldweg, der hinter der Kirche seinen Lauf nimmt, bequem zu Fuß erreicht werden. **50 Dinge** ㉓ › S. 14.

Hotels

Agroturismo Atzaró €€€

Nobles Anwesen auf dem Lande, fernab aller störenden Straßen. Zur ganzjährig geöffneten Finca gehören ein spektakulärer Pool, ein vorzügliches Spa, Bars und Restaurant. **50 Dinge** ⑦ › **S. 12.**

• Carretera Sant Joan, km 15
  Tel. 971 33 88 38
  www.atzaro.com

Can Gall €€€

Zitrusfrüchte, Ölbäume und Bougainvilleen heißen die Gäste bei der Ankunft willkommen. **!** Hinter den kühlenden Steinmauern verbergen sich gemütliche Zimmer, und der von zahlreichen Palmen gesäumte Pool rundet das Erholungserlebnis ab. In der Hochsaison wachsen die Gäste der elf Zimmer zu einer

Sant Llorenç im Schutz der Kirche

Gemeinschaft zusammen – und feiern schon mal Partys.

• Carretera Sant Joan, km 17,2
  Tel. 971 33 70 31
  www.agrocangall.com

Restaurants

La Veranda by Atzaró €€€

Das herrliche Gartenlaubenrestaurant,
das der Agroturismo Atzaró (s. o.) betreibt, lohnt den Abstecher in die Abgeschiedenheit. **!** Serviert wird die hohe
Kunst der balearischen Küche.

• Carretera Sant Joan, km 15
Sant Llorenç
Tel. 971 33 88 38
www.atzaro.com

Paloma €€

Heiß und innig geliebtes Familienlokal,
das viele der verwendeten Zutaten direkt aus Italien bezieht. Auf der Karte
stehen immer wenigstens zwei Gerichte
mit frischer Pasta und ein Risotto. Das
Gemüse stammt aus eigenem Anbau.
Gegessen wird vorzugsweise unter freiem Himmel.

• Carrer Can Pou
Sant Llorenç
Tel. 971 32 55 43
www.palomaibiza.com

Es Pins €

Sehr rustikales und vor allem bei Einheimischen beliebtes Lokal an der frisch

Auf dem Weg zur Dorfkirche in

ausgebauten Schnellstraße, die weiter
südlich auch unter der Bezeichnung
»Restaurant Road« › **Seitenblick** be-
kannt ist. Auf den Teller kommen große
Mengen gegrilltes Fleisch, vorab gibt es
Oliven, Brot und dicke, hausgemachte
Aioli. **50 Dinge** ⑲ › S. 14.

SEITENBLICK

Restaurant Road

Der Ausbau der E 10 von Sant Llorenç nach Sant Joan › **S. 122** war auf Ibiza um-
stritten, da nicht jedem an leichterer Zugänglichkeit gelegen ist. Unumstritten ist
derweil, dass sich an der Straße einige der besten Restaurants der Insel niedergelassen haben. Die Stilrichtungen sind vielseitig: Sie reichen von japanischer Cui-
sine (Nagai) über italienische Kost (Cicale) bis hin zu rustikalen Gerichten (Es
Pins) und zu exquisiter Fusionsküche (Bambuddha). Neuester Hinzugewinn ist die
ehemalige Schule Ses Escoles, wo auch regionale Spezialitäten (Olivenöl!) verkauft werden. In den Lokalen wird keineswegs nur geschlemmt: Vor allem das
Bambuddha ist auch für seine nächtlichen Partys bekannt. Hier gilt es, sich die
Dienste eines Taxis zu sichern oder vorab einen Fahrer auszumachen.

Santa Gertrudis de Fruitera sorgen zahlreiche Restaurants für Stärkung

• Carretera Sant Joan 14
Sant Llorenç | Tel. 971 32 50 34
Mi geschl.

Shopping
Meke
Das junge Team hat sich vorgenommen,
den leckersten Kaffee der Balearen zu
rösten. Jüngsten Stichproben zufolge
sind sie mit ihren fair gehandelten Sor-
ten auf einem guten Weg. Geröstet wird
dienstags, verpackt mittwochs – nur
falls jemand besonders frische Produkte
haben möchte. Das Team steht mit einer
mobilen Kaffeebar auch auf einigen
Märkten (z. B. in Sant Joan).

• Carretera Sant Joan, km 12,9
Sant Llorenç
Tel. 971 32 50 58
www.meke.co
Mo–Fr 9.30–12.30 Uhr

Santa Gertrudis de Fruitera 3 ⭐ 10 [D2]

Wer viel auf Ibiza unterwegs ist,
dem ist die Silhouette von Santa
Gertrudis bald bestens vertraut,
denn das knapp 500 Einwohner
zählende Dorf ist so etwas wie der
geografische Mittelpunkt der Insel.
In einer Zeit, da sich die Schönen
und Reichen von den überfüllten
Küsten abwandten, um den Vorzügen der Insel im Inland zu frönen,
entwickelte sich Santa Gertrudis zu
einem Zentrum der Dauergäste und
Hinzugezogenen. Wer die Straßen
erstmals erkundet und dabei ein
verschlafenes Dorf erwartet, dürfte
sich enttäuscht abwenden. Dafür
allerdings gleicht das gastronomi-

sche Angebot dem einer mittleren Großstadt. Außerdem floriert rund um die Kirche, deren Glockenturm zur Abwechslung einmal ockerfarben ist, ein gehobener Einzelhandel mit Biosupermarkt. Ein Stück lokaler Folklore sollte man sich auf keinen Fall entgehen lassen: In der Bar Costa werden die *bocadillos* im Akkord gefertigt – vorzugsweise mit Schinken, aber auch mit Manchego oder getrocknetem Fisch.

Restaurants

Mikado €–€€

Wenn es nach all den iberischen Leckereien mal etwas anderes sein soll, bieten sich die Currys bei diesem modernen Asiaten an.

- Carrer Venda de Poble
  Santa Gertrudis | Tel. 647 05 35 18
  www.mikadoibiza.com
  tgl. 19–24 Uhr

Bar Costa €

Riesiges, verwinkeltes Lokal. Eine Institution. **50 Dinge** ⑮ › S. 14.

- Plaça de l'Esglèsia | Santa Gertrudis
  Tel. 971 19 70 21 | tgl. von 8–1 Uhr

Shopping

Casi Todo

Das analoge Auktionshaus hat es zusehends schwer. Da bildet diese Institution eine positive Ausnahme: Seit fast 40 Jahren kommt hier vom Automobil bis zur hochwertigen Fliese alles unter den Hammer. Die Termine werden im Internet bekannt gegeben.

- Plaça de la Iglesia | Santa Gertrudis
  Tel. 971 19 70 23
  www.casitodo.com

Ecocentro

Biosupermarkt mit großer Kosmetikabteilung und angeschlossenem Biorestaurant, das über einen reizenden Garten verfügt.

- Carrer Venda de sa Picassa 4
  Santa Gertrudis | Tel. 971 19 72 74
  www.ecocentro.es

Libro Azul

Lektüre in verschiedenen Sprachen, Schwerpunkt auf deutschen Büchern.

- Venda de Parada 21 | Santa Gertrudis
  www.libro-azul-ibiza.com
  Mo–Fr 10.30–14 und 17–20, Sa 10.30–14 Uhr

SEITENBLICK

Architektur auf Ibiza

Klare Linien, kleine Fenster und fast immer ein weißer Anstrich. Mit diesen Charakteristika fällt die Architektur auf Ibiza überall dort auf, wo sie sich auf traditionelle Weise ausbreiten konnte und erhalten blieb. Die Argumente für diesen Baustil liegen auf der Hand: Vor der serienmäßigen Verbreitung der Klimaanlage waren die unbarmherzig heißen Sommer sonst kaum zu ertragen. Die weiße Farbe und die kleinen Fenster verhindern in Kombination mit den dicken Steinwänden die Aufheizung so weit wie möglich. Der moderne Designerbungalow veredelt diese Formensprache auf ästhetische Weise. Gleichwohl gehören heute Glasfronten mit etwaigem Meeresblick zum Standardvokabular der Baumeister. Das sichert den Bewohnern viel Aufmerksamkeit einschlägiger Designmagazine.

Auf einen guten Wein oder ein nettes Gespräch trifft man sich in Santa Gertrudis bei Costa

Luna Llena de Art

❗ Kunstnachtmarkt unter freiem Himmel. Hier wird man keinen Warhol finden, aber die Atmosphäre sucht ihresgleichen. Im Angebot: die Werke lokaler Künstler.

• Plaça de l'Església | Santa Gertrudis wechselnde Termine im Internet www.art-club-ibiza.com

Sant Rafel de Forca 4 [D2]

Das Dorf Sant Rafel liegt eigentlich besonders reizvoll. Der Blick auf Eivissa ist geradezu sensationell. Doch da sich der Ort ziemlich genau auf halber Strecke zwischen den beiden größten Städten Ibizas, Eivissa und Sant Antoni, und zudem auf dem Scheitelpunkt einer Hügelkette befindet, leidet er unter dem starken Durchgangsverkehr, der in unmmitelbarer Nähe auf der einzigen autobahnähnlichen Straße der Insel vorbeirauscht.

Dank des großen Einzugsgebiets, das dem Partyvolk die Anreise (im Disco-Bus) leicht macht, eröffneten hier einige der weltweit größten Diskotheken. Die Besucher von Amnesia und Privilege dürften allenfalls die guten Restaurants im Ortskern zur Kenntnis nehmen. Von der Historie Sant Rafels hingegen bekommen sie wenig mit: Der Ort war jahrhundertlang das Zentrum der Keramikproduktion. Die verbliebenen Werkstätten fertigen ihre Waren nach punischen Traditionen. Einheimische kommen nach

Buntes Marktleben

....

- **Mercat Nou, Eivissa:** Von Gemüse bis Fisch, von Pintxos bis
  Sushi – die Händler in der modernen Markthalle bedienen
  sämtliche Bedürfnisse von Haus-
  halten und hungrigen Lecker-
  mäulern. › S. 72
- **Luna Llena de Art, Santa Gertrudis:** Der Kunstnachtmarkt in
  dem reizenden Dorf wird vom
  Künstlerverband Art Club Ibiza
  organisiert. › S. 113
- **Keramikmarkt Sant Rafel:** Das
  Städtchen huldigt seiner Vergangenheit als Keramik- und Töpfer-
  hochburg mit einem sehenswerten Markt. › S. 115
- **Mercadillo Artesanal Dominical, Sant Joan:** Sonntäglicher,
  fröhlicher Straßenmarkt mit vielen lokalen Spezialitäten. › S. 123
- **Es Mercat, Santa Eulària:** Klassische Markthalle mit einem großen Angebot an Obst, Gemüse,
  Fleisch und Fisch, gemischte Klientel und erfreulich bodenstän-
  dig. › S. 133
- **Hippymarkt Punta Arabí, Es
  Canar:** Auf dem wohl größten
  Hippiemarkt der Insel gibt es
  vom weißen Kleidchen bis zum
  Minibulli Memorabilien für jeden
  Geldbeutel. › S. 139
- **Rastrillo Cana Llena:** Unprätentiöser Flohmarkt mit Hippietouch.
  Livemusik und ein Stand mit
  deutschen Würsten sind die Pub-
  likumsmagneten. › S. 139

Sant Rafel, weil sich hier das Hippo-
drom befindet, in dem Trabrennen
ausgetragen werden (Termine unter
www.hipodromsantrafel.com).

Hotel

Can Lluc €€€

Schöner Agroturismo auf einem Landgut, das sich seit Generationen im Be-
sitz der gleichnamigen Familie befindet.
❗ Vom hauseigenen Hügel eröffnet sich
der Blick auf Sant Antoni und den Sonnenuntergang. Man wohnt in rustikalen
Behausungen im Fincastil oder wahlweise in einem Neubau.

- Ctra. Sant Rafel Richtung
  Santa Agnès (km 2) | Sant Rafel
  Tel. 971 19 86 73 | www.canlluc.com

Restaurant

Asador Can Pilot €€

Gemütliche Taverne, die auf Fleischgerichte vom Grill spezialisiert ist. Die
Weinkarte ist umfangreich und preislich
ebenso vernünftig gestaltet, wie die
Speisen.

- Carretera Sant Antoni | Sant Rafel
  Tel. 971 19 82 93
  www.asadorcanpilot.com
  tgl. 13–16 und 20–0 Uhr

Shopping

Ceramica Can Kinoto

Teller, Vasen, Lampen und dekorative
Keramiken, die mit farbenfrohen Moti-
ven verziert sind.

- Avinguda Isidor Macabich 44
  Sant Rafel | Tel. 971 19 82 62
  www.cankinoto.com

Icardi

Werkstatt des gleichnamigen Keramik-
meisters, der die Traditionen wahrt und

gleichzeitig künstlerische Ambitionen an den Tag legt.

- Can Ferreret 42 | Sant Rafel
  Tel. 971 19 81 96

Keramikmarkt

! Keramik- und Töpferproduzenten verkaufen an rund 60 Ständen ihre Ware, sowohl klassische Designs als auch moderne Interpretationen. Zum Wohlbefinden der Besucher tragen auch die angebotenen Früchte aus der Umgebung in erheblichem Maße bei.

- Sant Rafel
  Juni–Sept. Do 19–23.30 Uhr

Nightlife/Klubs

Amnesia

Eine Institution unter den Großraumdiscos – auch weil der deutsche Techno-Veteran Sven Väth hier jeden Montag mit der Reihe »Cocoon« ein verlässlich gutes Gastspiel gibt.

- Crta. San Antoni, km 5
  Sant Rafel | Tel. 971 19 80 41
  www.amnesia.es
  Tickets 25–80 Euro

Privilege

Nach eigenen Angaben mit einem Fassungsvermögen von bis zu 14 000 Besuchern die größte Disco der Welt. Neben Stars wie Armin van Buuren legen auch Eigengewächse wie Manu Gonzales auf.

- Crta. Sant Antoni, km 7 | Sant Rafel
  www.privilegeibiza.com
  Tickets um 40 Euro

Underground

Einige nutzen die Finca für ihr Aufwärmprogramm. Andere bleiben lieber den ganzen Abend, weil hier der DJ-Nachwuchs seine Vorlieben ausleben darf.

- Crta. Sant Antoni, km 7
  Sant Rafel | Tel. 971 19 80 15
  www.ibizaunderground.com

Diese Keramikwerkstatt in Sant Rafel stellt kunstvolle Vasen zum Verkauf vor der Tür aus

DER NORDEN

Kleine Inspiration

- **Durch den winzigen Ort Sant Mateu bummeln** und ein Gefühl für das ursprüngliche Leben auf Ibiza gewinnen › S. 126
- **Die atemberaubenden Aussichten genießen** auf den Serpentinen der Küstenstraße nach Portinatx › S. 127
- **Ein Sonnenbad gönnen** auf den exponierten Felsterrassen von Punta Galera › S. 128

Im Norden zeigt sich Ibiza jenseits der Klischees. Portinatx erreicht man nur über abenteuerliche Serpentinen. Und bei vielen schwer zugänglichen Buchten rückt der Traum vom einsamen Strand in greifbare Nähe.

Auch routinierte Reisende reiben sich manchmal verwundert die Augen, wenn sie auf dem Weg in den Norden Ibizas einmal das Verkehrsnadelöhr Ca Na Negreta hinter sich gelassen haben. Egal, ob sie in Richtung Sant Miquel oder über die neue Hauptstraße nach Sant Joan unterwegs sind, binnen 15 Minuten werden unweigerlich Fragen auftauchen: Gehören die Felder mit der roten Erde und den Olivenbäumen, die bewaldeten Hügel und die schmalen Straßen zu derselben Insel, die sich eben noch so touristisch durchorganisiert und partyfreudig gegeben hat? Und kann es wirklich sein, dass hier an der Küste die Wellen wild gegen die Klippen peitschen, statt sanft über den Sandstrand zu rollen?

Im Hinterland zur Küste im Norden lässt es sich unterdessen herrlich wandern und Rad fahren – auch wenn die Wege nicht immer perfekt ausgeschildert sind. Aber wohin soll man sich auf dem kleinen Eiland schon groß verirren? Und die jahrhundertealten Fincas, die behutsam in Agroturismos umgewandelt wurden, sind einfach großartig. Manchmal sind sie so abgelegen, dass sich in der Nacht ein gigantischer Sternenhimmel über ihnen öffnet. Mit anderen Worten: der Inselnorden ist für Individualisten mit Erholungsbedarf das idealtypische Stück Ibiza.

Oben: Vor Port de Sant Miquel schaukeln sanft die Boote und am Horizont liegt Mallorca
Links: In der Bucht von Sant Vicent kommt man schnell ins Träumen

Touren in der Region

Tour 9 Quer durch den Norden

Route: **Cala San Vicent › Sant Joan de Labritja › Sant Miquel de Balansat › Sant Mateu d'Albarca**

Karte: Seite 118
Dauer: 3 Std., etwa 23 km
Praktische Hinweise:

- Für die Tour ist ein motorisiertes Gefährt unerlässlich, es sei denn man ist ein sehr gut trainierter Radfahrer.
- Die Route kann ebenso gut in umgekehrter Richtung vorgenommen werden – allerdings ist der Sonnenuntergang im Nordwesten eine Klasse für sich.

Tour-Start:

Das Hinterland von **Cala Sant Vicent** ❶ › S. 121 bietet das ideale Terrain für eine kleine Abenteuertour.

Die knapp 400 m breite Bucht wird von stattlichen Hügeln eingerahmt. Von hier aus führt eine atemberaubende Straße über mehr als ein Dutzend Serpentinen nach **Sant Joan de Labritja** ❷ › S. 122. Der Radius der Kurven ist eng und die Farbe der Erde scheint immer mehr Rottöne anzunehmen. Häuser geraten nur noch vereinzelt ins Blickfeld. Nach wenigen Metern auf der E-10 (Richtung Eivissa) biegt rechts die Landstraße nach **Sant Miquel** ❹ › S. 124 ab. Auf diesem Abschnitt fehlen zwar die ganz großen Aussichten auf das Mittelmeer. Dafür aber führt die Strecke durch ursprünglich wir-

Unterwegs im Norden

Tour ❾

Quer durch den Norden

Cala San Vicent › Sant Joan de Labritja › Sant Miquel de Balansat › Sant Mateu d'Albarca

Tour ❿

Zum Leuchtturm von Portinatx

Sant Joan › Cala Xarraca › Cala des Xuclar › Portinatx › Faro des Moscarter

kende Felder. Das Dorf (ja, auch hier mit Wehrkirche) ist überraschend wenig touristisch. Nach einer Links-rechts-Kombination erreicht man **Sant Mateu** **6** › **S. 125** – noch so ein Ort, der nur aus einer Handvoll Häusern besteht, darunter die populäre Landgaststätte Can Cires. Und die ist bestens geeignet, um die Tour ausklingen zu lassen.

Tour 10 — Zum Leuchtturm von Portinatx

Route: Sant Joan › Cala Xarraca › Cala des Xuclar › Portinatx › Faro des Moscarter

Karte: Seite 118
Dauer: ca. 4 Std., 14 km im Auto, 4 km zu Fuß
Praktische Hinweise:

• Autotour mit Wanderung. Für diese sind feste Schuhe dringend zu empfehlen. Aufgrund des steinigen Untergrunds sind im Wasser Badeschuhe von Vorteil.

• In der Hochsaison sind die Parkplätze in den Buchten rar.

Tour-Start:

Luftlinie sind es nicht viel mehr als 5 km von einem Ort zum anderen. Dennoch liegen Welten zwischen **Sant Joan de Labritja** **2** › **S. 122** und Portinatx – und nicht nur wegen des

Von Portinatx aus sind viele Badebuchten und herrliche Strände schnell erreichbar

Höhenunterschieds von fast 300 m. Die Straße überwindet diesen in knapp 8 km, wobei sich spektakuläre Ausblicke eröffnen. Unterwegs laden mit der **Cala Xarraca** 7 › S. 127 und der **Cala des Xuclar** 8 › S. 127 zwei herrliche Buchten zur Stippvisite – und zum Bade. Unten angekommen, zeigt **Portinatx** 9 › S. 127 saisonal stark variierende Gesichter: Im Frühjahr und im Herbst ist es hier still und beschaulich. Im Sommer ist das einstige Fischerdorf hingegen vollller Neugieriger. Gleichbleibend hinreißend ist die Farbpalette, die von dem klaren, hellblauen Wasser der Buchten und den dunkleren Blautönen des Balearenhimmels bestimmt wird.

Es folgt eine Wanderung, die nichts für gänzlich schwache Nerven ist: Der Weg zum Leuchtturm von Portinatx, dem **Faro des Moscarter** 12 › S. 129, ist spärlich ausgeschildert, nicht abgesteckt und folglich nicht immer klar zu erkennen. Gelegentlich muss man recht nah am Abgrund entlanglaufen – und keinerlei Zäune bieten Schutz. Richtig bedenklich ist das natürlich nicht (der Weg ist sogar offiziell als Mountainbikeroute ausgewiesen), doch sind ein Mindestmaß an Trittsicherheit und Schwindelfreiheit erforderlich. Als Lohn für den Wagemut wartet eine wunderbare Strecke, auf welcher der schwarz-weiß geringelte Leuchtturm von Portinatx fast kontinuierlich im Blick bleibt. Es geht über Stock und Stein vorbei an herrlich duftenden Rosmarinsträuchern und Wacholderbüschen. Übrigens: Die Wacholderbeeren werden neuerdings auf der Insel auch zu Gin verarbeitet, den man unter dem Namen IBZ vermarktet. Je nach Witterung kann die Brandung mit überraschender Wucht auf die Felsen treffen, während die salzige Luft die Nase umweht. In der Ferne scheint sich Land aufzubauen. Und das ist keine Halluzination, sondern die immerhin 80 km entfernten Südwestküste von Mallorca.

Nach gut einer halben Stunde ist der Leuchtturm schließlich erreicht. Der kann zwar nicht bestiegen werden, bietet aber einen erhabenen Anblick. Das Bauwerk aus dem Jahr 1974 kann für sich den Superlativ beanspruchen, der höchste Leuchtturm der Balearen zu sein. Man könnte auch sagen: Eine Steilvorlage für einen angeberischen Social-Media-Eintrag samt Selfie. Und danach wird es höchste Zeit für den Rückweg.

Unterwegs im Norden

Cala de Sant Vicent

1 [F1]

Die rund 380 m breite Cala de Sant Vicent verfügt über einen **!** herrlich von Hügeln und Felsen eingerahmten feinen Sandstrand. Und wenn man sich dort seinen Platz mit Blick aufs Meer gesichert hat, kann man die Bausünden im Hintergund einfach ignorieren. **!** Eine echtes Vergnügen ist es, als Frühsportler mit dem Aufgang der Sonne ein paar Runden durch das saubere Wasser zu ziehen.

Die Serpentinen hinauf nach Sant Joan erklären, warum der Ort einst der entlegenste der Insel war: Auf den 4 km im mittleren Streckenabschnitt werden rund 300 Höhenmeter überwunden – weshalb die Strecke auch bei drahtigen Rennradfahrern (aber nur bei diesen) beliebt ist.

Restaurants

Hidden €–€€

! Einen High Tea nach englischem Vorbild einnehmen, Cocktails schlürfen und zwischendurch eine Runde Minigolf

Rote Erde – warum?

Der Anblick knorriger Olivenbäumen, die auf karmesinroter Erde mit würdevollem Abstand zueinander gedeihen, gehört zu den bleibenden Eindrücken von Ibiza. Der Boden verdankt seine auffällige Farbe einem chemischen Prozess, bei dem eisenreiche Gesteine verwittern. Die freigesetzten Oxide bewirken eine Verfärbung, die der Verrostung sehr ähnlich ist. Obwohl Ibiza vordergründig sehr trocken erscheint, eignet sich die sogenannte »Terra Rossa« gut zum Speichern von Wasser, weshalb sie für die landwirtschaftliche Nutzung taugt.

Ländliches Idyll im Agroturismo Can Marti

spielen. Mit dieser Kombination und hat das weitläufige Lokal die Herzen des Publikums erobert. Der Name ist Programm: Das Anwesen liegt etwa versteckt in zweiter Reihe, ohne Meerblick.

• 51 Carrer Cala Sant Vicent B
Cala Sant Vicent | Tel. 971 32 02 53
www.hidden-bar.com

On the Beach €

Herrlich unprätentiöses Strandlokal, in dem es sich gepflegt abhängen lässt. Vor allem Freunde der niederländischen Snackkultur werden sich hier wohl fühlen: Auf der Karte stehen auch Kroketten und Bitterballen.

• Platja de Cala Sant Vicent
Tel. 971 32 01 15 | tgl. 10–2 Uhr

Sant Joan de Labritja **2** [E1]

Durch seine Rolle als einer von nur fünf Hauptorten auf der Insel, nach dem eine Gemeinde benannt ist, könnte man Sant Joan eine gewisse Geschäftigkeit unterstellen. Doch tatsächlich wohnen nur knapp 1000 Menschen in diesem Dorf – und entsprechend geht es im umliegenden Hügelland des Inselnordens sehr beschaulich zu.

Sehr wohl allerdings fungiert Sant Joan als Zentrum für all jene, die in der näheren Umgebung leben oder Erholung suchen. Alteingesessene Lokale, in denen Ibizenker sich die Zeit vertreiben, und ambitionierte Restaurants existieren in guter Nachbarschaft.

Auffälligstes Bauwerk ist auch hier die Wehrkirche aus dem 18. Jh., deren Eingang von einem stilisierten Monsignore bewacht wird. Doch das ganze Dorf erweckt mit seinen bunt abgesetzten Fensterumrandungen und den mit Blumen besetzten Balkonen einen außerordentlich freundlichen Eindruck. Einiger Trubel herrscht lediglich am Sonntag, wenn der Mercadillo Artesanal stattfindet – ein angenehmer Kunsthandwerksmarkt, auf dem neben dem üblichen Hippiekrempel vor allem lokale Produkte angeboten werden.

Hotel

Can Martí €€€

! Die Unterkünfte sind wunderbar rustikal und die Atmosphäre ist freundlich entspannt. Das Anwesen liegt fernab der Zivilisation inmitten von Hügeln. Kann es nicht geben auf einer touristisch hoch entwickelten Insel wie Ibiza? Doch, das Ökolandgut Can Martí ist der beste Beweis. **50 Dinge** (28) › **S. 15.**

• Venda de Ca's Ripolls 29
Sant Joan de Labritja
Tel. 971 33 35 00
www.canmarti.com

Restaurant

The Giri Café €€–€€€

⚠ Moderne Fusionsküche mit balearischem Einschlag. Der Koch setzt auf Bioprodukte. Wer auf einen Tisch im großzügigen Garten warten muss, kann sich an den experimentellen und äußerst leckeren Cocktails laben.

• Plaça España 5
  San Joan de Labritja
  Tel. 971 333474
  www.cafe.thegiri.com
  tgl. ab 10 Uhr (Abendessen ab 20 Uhr)

Shopping

Mercadillo Artesanal Dominical Sant Joan de Labritja

⚠ Beliebter Kunsthandwerksmarkt mit lokalen Spezialitäten und fröhlicher Stimmung. Dafür sorgen auch die Auftritte von Musikern oder Bands der Region.

• Sant Joan de Labritja
  So 10–16 Uhr

Cala Benirràs ③ [D1]

Wer auf den Spuren der Hippies wandeln möchte, kommt um diese Bucht nicht herum: Jeden Sonntag treffen sich hier Dutzende Trommler, um den Sonnenuntergang mit einem rhythmischen Wirbel zu begleiten. Nicht selten tanzen leicht bekleidete Damen wie hypnotisiert zu den Klängen. Wenn der große Moment kommt, und die Sonne im Meer versinkt, geben die Schlagwerker noch mal alles – je nach Jahreszeit springen euphorische Gäste dabei unter großem Applaus in die Fluten. Ein Schauspiel ohnegleichen, das Besuchern jeder Generation Freude bereitet. Allerdings wird im Sommer ab dem späten Sonntagnachmittag die serpentinenreiche Straße hinunter zur Bucht wegen des großen Andrangs

Alle Spuren der Hippies führen in die Cala Benirràs

oft gesperrt. Auch sonst gilt: früh-
zeitig kommen, um einen der raren
Parkplätze zu ergattern.

Davon abgesehen lohnt sich der
Weg unbedingt, denn **!** die Natur
hat die Bucht mit einem Felsen gesegnet, der mitten im Wasser alle
Blicke auf sich zieht. Darüber hinaus verfügt die Cala Benirràs über
einen Sandstrand, einige Fischerbu-
den und Lokale. Damit gehört sie
auf jeden Fall zu den schönsten
Buchten der Insel.

Restaurants

Elements €€€
Hochpreisiges Etablissement in exzel-
lenter Lage. Zwar verschwindet die Sonne hier früher als sonst in der Bucht hinter den Felsen, dank größerer Distanz zu
den Trommlern ist aber auch sonntags
eine Kommunikation möglich.

• Cala Benirràs | Tel. 971 33 31 36
www.elements-ibiza.com

Benirràs 2000 €
Die preiswerte Alternative an diesem
nur 140 m breiten Strand wird gern von
den Einheimischen angesteuert. Auch
gibt es hier das preiswertere Bierchen
zum Trommelwirbel.

• Cala Benirràs | Tel. 971 33 33 13

Sant Miquel de Balansat **4** [D1]

Ein Ort der Einheimischen. Diese
Klassifizierung gilt trotz der
Schnellstraße in Richtung Inselsü-
den auch heute noch für Sant Miquel. Das Dorf wäre nicht weiter
auffällig, gäbe es nicht in exponierter Lage auf der Spitze eines Hügels

Port de Sant Miquel, von Wehrtum und Hotelburg bewacht

die mächtige Wehrkirche, die über dem gesamten Landstrich zu thronen scheint. Die Ursprünge der Kirche, die wie die in Santa Eulària wegen des erhöhten Standort den Namen Puig de Missa (Messhügel) trägt, gehen vermutlich auf das 14./15. Jh. zurück. Zum Gebäudeensemble gehören mehrere Kapellen und Pfarrhäuser sowie ein kleiner Friedhof. Die Kirche war in früheren Jahrhunderten nicht nur spiritueller, sondern auch gesellschaftlicher Mittelpunkt. Donnerstags findet auf dem Dorfplatz ein kleiner Markt statt, auf dem fast nur Produkte regionaler Herkunft angeboten werden (Do 18–22 Uhr).

Hotel

Can Planells €€–€€€

Landgut mit großzügigen Zitrusgärten und einladendem Swimmingpool. Einige Zimmer sind recht klein, dafür serviert Eigentümer Joan persönlich ein **!** großartiges Frühstück mit Avocadobroten und selbstgepressten Säften.

• Venda de Rubio 2
Sant Miquel
Tel. 971 334927
www.canplanells.com
Nov.–März geschl.

Restaurants

Aubergine €€

Der Gastrotrend »Farm to table« fand seinen Weg mit diesem Restaurant auch nach Ibiza. Solide Küche und wunderbarer Garten, der leider viel zu nah an der Straße liegt. Der Service wackelt zuweilen etwas, dafür gibt es einen Hausladen für Mitbringsel.

• Carretera Sant Miquel km 9,9

Tel. 971 09 00 55
www.aubergineibiza.com
tgl. 18–23.30 Uhr

Ca Na Hathai €–€€

Einfache, aber schmackhafte asiatische Gerichte mit guter Weinbegleitung und freundlichem Service sind auch am Mittelmeer eine Alternative.

• Carrer Eivissa 1 | Sant Miquel
Tel. 971 334052
Di–So 13–16 und 19–23.30 Uhr

Port de Sant Miquel **5** [D1]

Wie der Name bereits andeutet, war der Ort an der sehr gut geschützten Bucht einst der Fischereihafen für das höher gelegene Sant Miquel › **S. 124**. Inzwischen wurde der Hafen zur Badebucht umfunktioniert, deren Bebauung leider ein wenig brachial anmutet. Je nach Blickwinkel sollte man – vor allem in der Nebensaison – dennoch in der Lage sein, hier den Rest der Welt zu vergessen.

Hauptattraktion ist neben dem Strand die **Cova de Can Marçà**, die sich vor 100 000 Jahren in die Felsen hoch über der Bucht gegraben hat. Die Tropfsteinhöhle diente einst den Schmugglern als Versteck. Der Anstieg ist recht steil. Wer ihn zu Fuß in Kauf nimmt, kommt nicht in die Verlegenheit, oben nach einem Parkplatz suchen zu müssen (Tel. 971 33 47 76, www.covadecanmarsa.com, Mai–Okt. tgl. 10.30–20, sonst 11–18 Uhr, Eintritt 10,50 €).

50 Dinge ㉔ › **S. 14**.

Die schönsten Buchten & Strände

....

- **Platja de Ses Salines:** Der gut drei Kilometer lange und in Richtung Westen gelegene Sandstrand setzt Maßstäbe. › S. 84
- **Cala d'Hort:** Der Blick von der malerischen Bucht fällt automatisch auf das wohl bekannteste Fotomotiv Ibizas, die Felseninsel Es Vedrà. › S. 99
- **Cala de Sant Vicent:** Breiter Sandstrand, schroffe Felsen mit exklusiven Villen und in der Ferne die Insel Tagomago. › S. 120
- **Cala Benirràs:** Kindertaugliche Bucht, die mit einer traumhaften Landschaft kaum zu toppen ist und in der sonntags Hippie-Trommeln für Wirbel sorgen. › S. 123
- **Cala des Xuclar:** Badegäste schätzen die Einsamkeit und das glasklare Wasser in dieser kleinen Bucht. › S. 127
- **Cala d'en Serra:** Auch mit dem Auto ist die sichelförmige Bucht mit dem smaragdgrünen Wasser nur schwer zu erreichen. › S. 128
- **Platja de Santa Eulària:** Der Stadtstrand von Santa Eulària ist der erste Strand auf den Balearen, an dem das Rauchen verboten ist und Hunde nicht zugelassen sind. › S. 133
- **Pou des Lleó:** Von Fischerhütten und Felsen gerahmte Bilderbuchbucht mit einem kleinen aber feinen Badestrand und tiefblauem Wasser. › S. 143

Sant Mateu d'Albarca 6 [D1]

Das gemütliche Dorf, das nicht viel mehr als eine kleine Ansammlung von Häusern an einer Straßenkreuzung und um eine imposante Wehrkirche ist, entpuppt sich als Zentrum des ibizenkischen Weinbaus. In der Umgebung gedeihen die saftigen Trauben für die fruchtigen Inselweine, die nicht nur zum Weinfest im Dezember Genießer nach Sant Mateu locken. Ibizenkos und Touristen treffen sich auch sonst gern im Restaurant Can Cires. Westlich des Lokals führt die Straße in Richtung Santa Agnès. An einer Kreuzung weist ein Schild zum Weingut Sa Cova. Der Parkplatz hinter der Dorfkneipe ist bei Wanderern als Ausgangspunkt für eine Erkundungstour zur kaum erschlossenen Cala d'Albarca beliebt (hin und zurück ca. 6 km, 3 Std.).

Restaurant

Can Cires €€

Schöner Landgasthof mit großem Garten. Von simplen Tapas bis zum Chateaubriand gibt es für jeden Geschmack und Appetit etwas. Die Spezialität des elsässischen Kochs ist Flammkuchen. **50 Dinge** (17) › S. 14.

- Sant Mateu d'Albarca
  Tel. 971 80 55 51
  tgl. 11–24 Uhr

Shopping

Weingut Sa Cova

Winzer Toni Costa wird nachgesagt, einen wichtigen Beitrag zum Aufstieg der

Inselweine geleistet zu haben. Verkauf nach vorheriger telefonischer Vereinabrung.

- Sant Mateu d'Albarca
  Tel. 971 18 70 46
  www.sacovaibiza.com

Cala Xarraca 7 [E1]

Diese gut erschlossene Badebucht (ein Schild weist den Weg, sobald die Straße die Ebene zu erreichen scheint) ist vor allem bei den Einheimischen populär, die hier Muscheln suchen oder schnorcheln. Alternativ kann man auch im Seafood-Lokal den Tag verbummeln.

Cala des Xuclar 8 [E1]

Ein Highlight ist die Cala des Xuclar. Ein verwittertes Schild weist den Weg zu der kleinen Bucht, der steil hinabführt und in einem kleinen Parkplatz endet. Der Strand ist kaum länger als 50 m, doch ! die isolierte Lage und das kristallklare Wasser lohnen eine Stippvisite. In der Hochsaison können sich die Badegäste über die Dienste eines Chiringuito freuen.

Restaurant

Chiringuito Cala Xuclar €–€€

Zwei Geschwister servieren in der Saison täglich wechselnde Tapas und Fischgerichte. Eine Strandhütte im allerbesten Sinne, bei der ein Tisch meist Tage im voraus reserviert werden muss.

- Cala Xuclar
  Portinatx
  Tel. 607 23 30 19

Portinatx 9 [E1]

Das einstige Fischerdorf schafft es mit seinen beiden Buchten, den tiefblauen Gewässern und einer sehenswerten Landschaft als Feriendomizil Jahr für Jahr an die Spitze der Ibiza-Charts. Hinzu kommen

Um Sant Mateu d'Albarca herum wird Wein angebaut

sanft abfallende Strände, die auch Familien mit Kindern einen sorgenfreien Badeurlaub gewähren. Die Infrastruktur ist entsprechend: Die Auswahl an Feriendomizilen und gastronomischen Betrieben ist vielfältig – allerdings in erster Linie auf Pauschaltourismus für Familien ausgerichtet.

Hotel

Hostal La Ciguenya €€
Familiengeführtes Hotel mit einem famosen Blick auf die Cala de Portinatx. Zu den Annehmlichkeiten gehören ein Restaurant, eine Snackbar am Strand, und ein beheizter Pool in den Randmonaten der Saison. Außerdem gibt es kostenlose Fahrräder.
• S'Arenal Petit 36 | Cala Portinatx
  Tel. 971 32 06 14
  www.laciguenya.com

Den nordöstlichen Zipfel von Ibiza markiert

Restaurant

Chiringuito El Puerto Portinatx
In der Nebensaison ein Ort von unwirklicher Schönheit: Während die Sonne bereits einige Kraft entfaltet, gönnt sich an der Bucht eine überschaubare Anzahl von Gästen eine *cerveza* oder einen *café solo*. Dazu tönt aus den Lautsprechern provokativ entspannte Elektromusik – und das Personal macht gut gelaunt Faxen.
• Cala Portinatx
  bei gutem Wetter tgl. ab 9 Uhr,
  Ende offen.

Punta Galera  [E1]

Die terrassierten Platten der Gesteinsformation Punta Galera locken vor allem eitle Hedonisten zum Sonnenbad an. Hier legt man sich – vorzugsweise knapp oder gar nicht bekleidet – auf den blanken Stein, um die großartige Umgebung auf sich einwirken zu lassen oder um sich den geeigneten Teint für das Nachtleben zu verschaffen. Segler und Stand-up-Paddler schauen sich das Geschehen von der Wasserseite aus an.

Cala d'en Serra [11] [E1]

Von Portinatx aus ist der Weg zur Cala d'en Serra ausgeschildert und daher gut zu finden. Andererseits ist die Bucht so richtig abgelegen und der Weg dorthin gespickt mit engen Kurven und Serpentinen. Gegen Ende der Strecke wird die Straße auder Faro des Moscarter

ßerdem immer ruppiger, und ortsfremde Autofahrer zögern mit der Weiterfahrt über die steile Schotterpiste. Doch auch **!** schon von der Anhöhe ist der Blick auf die sichelförmige Bucht einfach blendend. Das Idyll wird lediglich durch eine Bauruine getrübt. Vielleicht ist diese der beste Beweis dafür, dass die Cala d'en Serra tatsächlich zu entlegen ist für Besuchermassen. Hoffentlich für alle Zeiten.

Faro des Moscarter

12 ☆ [E1]

Am nordöstlichen Punkt Ibizas ragt der ungewöhnlich schwarz-weiß geringelte Leuchtturm Faro des Moscarter – oft auch Faro de Portinatx genannt – weithin sichtbar über Land und Wasser hinaus. Mit einer Eigenhöhe von 52 m handelt es sich um das höchste Bauwerk seiner Art auf den gesamten Balearen. Dazu kommt noch die 41 m hohe Klippe, auf der er thront. Das 1977 eingeweihte Lichtsignal kann deswegen noch in einer Entfernung von 18 Seemeilen wahrgenommen werden.

Allerdings muss man sich mit dem Anblick von außen begnügen, denn diese beeindruckende Landmarke steht für Besucher zur Besichtigung nicht offen. Aber auch die Aussicht über das Meer vom Rand der felsigen Steilküste aus ist atemberaubend.

SANTA EULÀRIA & DER OSTEN

Kleine Inspiration

- **Frisches regionales Obst und Gemüse einkaufen** wie die Einheimischen in der Markthalle von Santa Eulària › S. 133
- **Am einzigen Fluss der Insel entlangschlendern** und ein Gespür für die lange Historie von Santa Eulària gewinnen › S. 133
- **Nach Mitbringseln stöbern** im reichhaltigen Angebot auf dem Hippiemarkt von Es Canar › S. 138

Der Osten um den Badeort Santa Eulària gehört überwiegend den Familien. Eine naheliegende Entwicklung, da die Buchten hier deutlich weitläufiger sind und die Küstenregion teils sogar flach ist.

Auf Familien zugeschnitten, gestaltet sich die Bebauung an der Ostküste Ibizas: Kinderfreundliche Hotel- und Apartementanlagen prägen Badeorte wie Cala Llonga, Es Canar und Teile von Santa Eulària. Am Strand geht es eher ruhig zu. Weiter im Nordosten wird die Küste weniger berechenbar, die kleinen Buchten mit ihren zum Teil steil abfallenden Küsten sind eine Augenweide.

Santa Eulària begeistert unterdessen mit dem wohl spektakulärsten Sakralbau der Insel: Die Església Es Puig de Missa steht weithin sichtbar auf einem Hügel. Auch die hübsche Promenade entlang des einzigen Flusses der Insel ist gelungen. Sie ist ebenso beliebt bei Flaneuren wie das Städtchen mit der Fußgängerzone samt »Fressmeile«, die jedem Geschmack gerecht wird.

Tour in der Region

 Wanderung über die Punta d'en Valls

Route: **Pou des Lleó** › **Torre de Campanitx** › **Pou des Lleó**

Karte: Seite 140
Dauer: 2 Std., 4–5 km
Praktische Hinweise:
- Eine gute Kondition, festes Schuhwerk und Trittsicherheit sind bei dieser Tour über teils spitze Klippen unbedingt erforderlich.
- Alternativ wählt man für Hin- und Rückweg dieselbe sichere Strecke.

Der Puig de Missa überragt die kleine Hafenstadt Santa Eulària

Tour-Start:

Nur ein paar Schritte von der Bucht **Pou des Lleó** **7** › S. 143 entfernt, kurz vor dem gleichnamigen Restaurant, befindet sich ein kleiner Parkplatz. Die Bucht lockt mit kristallklarem Wasser. Am Ufer: hier ein kleiner Kaktus, dort ein Rosmarinstrauch – und jede Menge Fischerhütten. Der ausgeschilderte Weg zur Halbinsel führt vorbei an einem Zeltplatz nach etwa 1,5 km zum **Torre de Campanitx** **8** › S. 143. Hinter dem Wehrturm führt ein schmaler Weg auf die Klippen. Teils verblasste blaue Pfeilen markieren den etwas beschwerlichen und nicht ganz ungefährlichen Pfad über die Felsen zurück zum Zeltplatz. Wer Zweifel hat, sollte lieber so wie er gekommen ist zurückgehen.

Unterwegs im Osten

Santa Eulària des Riu **1** [E2]

Von den drei großen Orten der Insel ist Santa Eulària des Riu mit großem Abstand der unaufgeregteste. Das 18 000-Einwohner-Städtchen, über dem malerisch die Església Puig de Missa thront, ist auf jeden Fall kein Party-Hotspot. Dafür verbringen hier Familien gerne ihren Urlaub, für die es die entsprechende touristische Infrastruktur mit einer großen Auswahl an Hotels und Restaurants gibt. Nicht zu übersehen ist indes, dass hier auch ganz normale Einheimische ihrem Alltag nachgehen. Bei einem Stadtbummel lässt sich das Leben bestens erkunden.

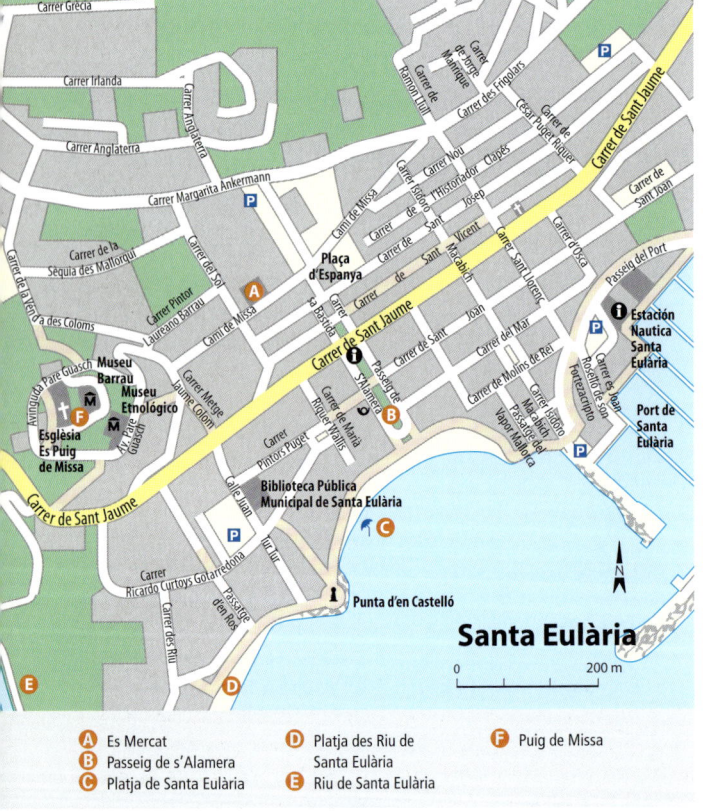

Santa Eulària

0   200 m

A Es Mercat
B Passeig de s'Alamera
C Platja de Santa Eulària
D Platja des Riu de Santa Eulària
E Riu de Santa Eulària
F Puig de Missa

Es Mercat

Auf Ibiza wird nicht nur Urlaub gemacht, sondern auch gelebt, gearbeitet – und gehandelt. Bester Beweis ist diese geschäftige Halle Es Mercat, in der wie eh und je vor allem Lebensmitteln verkauft werden. Die **!** Auswahl an Fisch, Fleisch, Obst und Gemüse ist perfekt – auch für Touristen, die gern selber kochen. Wer sich für Lebensmittel interessiert, kann hier auf jeden Fall ein paar interessante Entdeckungen machen (Carrer de s'Església/Ecke Carrer de Sol, Mo–Sa 7–14 Uhr, www.mercatdesantaeulalia.net).

Flanieren und Radeln unter Palmen

Passeig de s'Alamera B

Hochgewachsene Palmen und bunt illuminierte Springbrunnen charakterisieren die schönste Straße der Stadt, den Passeig de s'Alamera – er führt aus dem Ortskern vorbei an Boutiquen, alten Steinhäusern und Restaurants hinunter zum Meer. In einer Unterführung informieren Schautafeln über die Ortshistorie. Auch die Legende jener äußerst unansehnlichen Fabelwesen namens *els familiars* wird erklärt: Diese fallen dadurch auf, dass sie binnen eines Wimpernschlages den Inhalt einer ganzen Speisekammer vertilgen können. Export verboten!

Platja de Santa Eulària C

Der Stadtstrand wird von einem ansprechend ausgebauten Boulevard begleitet und fällt in die Kategorie mittelbreit. Die umliegenden Lokale überschlagen sich mit Angeboten kostengünstiger Alkoholika (ein Liter Fassbier kostet in der Nebensaison 4,90 €). Am besten hält man sich von hier aus Richtung Süden.

Platja des Riu de Santa Eulària D

Breiter und länger als der Stadtstrand reicht dieser bis an den Fluss, dem Eulària seinen Beinamen verdankt. Auch die Lokale sind gepflegter: der Beachklub Can Xarc erinnert mit seinem Namen daran, wie das Gebiet von den Arabern bezeichnet wurde, die den Katalanen als Inselherren vorausgingen.

Riu de Santa Eulària E

Der Fluss selbst ist ein Kuriosum, da er der einzige der gesamten Balearen ist. Gleichwohl führt er in der Regel nur im Frühjahr ausreichend Wasser, um diese Bezeichnung zu rechtfertigen. Nur die Mündung ist immer sichtbar. Das Brackwasser wird neuerdings von einer leicht angeberischen Brücke überspannt, und der ebene Uferpfad gehört zu den geschätzten Joggingstrecken der Insel.

Am Ufer erinnern neben weitläufigen Gemüse- und Getreidefeldern auch zwei Mühlen an die Bedeutung des Flusses. Eine davon, die Moli de Dalt (obere Mühle), ist Teil eines Bauernhauses, das aus dem 10. Jh. stammt und andalusischen Ursprungs ist. Das Anwesen ist heute Teil eines Umweltzentrums.

Puig de Missa **F** 12

Hoch über dem Fluss thront die Wehrkirche Església Es Puig de Missa, die bei Dunkelheit würdevoll angestrahlt wird. Der Aufstieg auf den rund 50 m hohen Hügel lohnt sich nicht allein wegen des imposanten Sakralbauwerks, sondern auch wegen des angeschlossenen Friedhofs und des Panoramablicks. Die Lage wussten bereits die Mauren zu schätzen, die hier eine Moschee errichteten. Später folgten mehrere christliche Kirchen, die den Angriffen von Piraten zum Opfer fielen. Das heutige Bauwerk von 1568 geht auf einen Architekten zurück, der sich mit massiven Konstruktionen auskannte: Giovanni Batista Calvi, der auch für die Stadtmauer von Eivissa verantwortlich war. Windschiefe Kakteen und farbenfrohe Bougainvilleen verleihen dem Gebäudeensemble zusätzliche Reize. Vor dem Abstieg in den Ort sollte man einen Blick auf den Friedhof werfen, der sich mit Urnen in Schaukästen samt Fotografien der Toten doch sehr von zentraleuropäischen Grabstätten unterscheidet. Auf dem Weg in den Ort passiert man den stattlichen Bauernhof Can Ros mit dem **Museu Etnológico** (Tel. 971 33 28 45, Mo–Sa 10–14, So 11–13.30 Uhr) und seiner Ausstellung zu Bräuchen auf Ibiza.

Infos

Oficina de Turismo
• Carrer Mariano Riquer 4
  Santa Eulària des Riu
  Tel. 971 33 07 28

Uneinnehmbar fest gemauert steht die Wehrkirche Església Es Puig de Missa

www.santaeulalia.net
April–Nov. Mo–Fr 9.30–13.30 und
17–19.30, Sa 10–13, sonst Mo–Fr
9–14 Uhr

Parken
Die Tiefgarage im Zentrum von Santa
Eulària ist kostengünstig und modern.
Umsonst parken kann man auf einem
Parkplatz nördlich des Puig de Missa.

Hotels
Xarc Hotel €€–€€€
Komfort zwischen Natursteinmauern
aus den Anfängen des 20. Jhs., mediterrane Vegetation, eine anheimelnde Gar-
tenlandschaft und ein stattlicher Pool.
Aber 5 km bis Santa Eulària.
• Can Cosmi | Es Nuvells | Santa Eulària
  Tel. 971 33 91 78 | www.agroxarc.es

Buenavista €€
Man könnte es »Vintage-Tourismus«
nennen: Das Buenavista war das erste
Hotel in Santa Eulària und vielen
Stammgästen gefällt der klassische
Charme zu Füßen vom Puig de Missa.
• Avinguda Padre Guasch 9
  Santa Eulària
  Tel. 971 33 00 03
  www.ibizabuenavista.com

Restaurants
Casa Colonial €€–€€€
Fusionsküche für den besonderen Anlass vor den Toren von Santa Eulària. Ein
bayrischer Gastronom richtete das ek-
lektische Lokal ein, das asiatische mit
mediterranen Einflüssen kombiniert –
und das nicht nur auf dem Teller, sondern auch in Sachen Interieur. Im Winter
verlagert sich das Geschehen von der
Terrasse in die Finca.

• Carretera Santa Eulària, km 2
  Tel. 971 33 80 01
  www.casa-colonial.ibiza.com
  tgl. ab 19 Uhr

Oleoteca Ses Escoles €€–€€€
Weißgedeckte Tische unter Oberlichtern
zwischen Natursteinmauern: **!** Das
Haus glänzt jedoch nicht nur mit Atmosphäre, sondern auch mit exquisiter mediterraner Küche. Ganz nebenbei handelt es sich um die erste Ölpresse Ibizas:
Can Miquel Guasch.
• Carretera Sant Joan, km 9,8
  Santa Eulària | Tel. 871 87 02 29
  www.canmiquelguasch.com

Bambhudda Ibiza €€
Die **!** Fusion asiatischer und mediterraner Speisen in fernöstlichem Ambiente
wird viel gelobt. Später dreht das Publikum zuweilen voll auf, sodass es keiner
gesonderten Partylocation mehr bedarf.
• Carretera Sant Joan, km 8,5
  Santa Eulària | Tel. 971 19 75 10
  www.bambhudda.com

Pura Vida €€
Seafood, Snacks und Salate sowie
Strandliegen und eiskalter Cava am
Strand von Niu Blau.
• Platja Niu Blau | Carretera Santa
  Eulària-Es Canar 1 (km 1,5)
  Tel. 971 33 97 72
  www.puravida-ibiza.com

El Naranjo Ibiza €–€€
Gute, einfache Gerichte zu absolut an-
gemessenen Preisen besonders mittags.
Im Garten ist auch der namensgebende
Orangenbaum zu finden
• Carrer de Sant Josep 31
  Santa Eulària | Tel. 971 33 03 24

Trutzburgen zur Piratenabwehr

Die Sakralbauwerke Ibizas stehen meist in exponierter Lage auf der Kuppe eines Hügels oder auf einer Klippe am Rande eines Abgrunds. Auch wegen ihres strahlend weißen Anstrichs sind sie auffällig. Gleichwohl verfolgten die Bauherren keineswegs die Absicht, auf die Kirchen aufmerksam zu machen. Wer sich die Kirchen heute ansieht, wird noch mehr Gemeinsamkeiten entdecken: Ihr Körper ist wuchtig und die Mauern sind dick. Die vermeintlichen Fenster und die Türen erscheinen so klein, wie nur eben möglich. Die Glocken hängen in einem Dachreiter. Und mit einiger Verlässlichkeit befinden sich drei vertikal und horizontal versetzte Kreuze neben dem Eingangsportal.

Die massive Bauweise garantiert, dass es im Innern der Kirchen auch während der gnadenlosen Sommerhitze relativ kühl bleibt. Doch die Raumtemperatur spielte bei der Entwicklung des Baustils allenfalls eine Nebenrolle. Vielmehr dienten die Kirchen als wahre Trutzburgen, sie waren der wichtigste Zufluchtsort für die Bevölkerung, falls es mal wieder jemand auf die Insel abgesehen hatte.

Schon seit den Anfängen der Besiedlung nämlich mussten sich die Ibizenker stets gegen Eindringlinge zur Wehr setzen. Richtig unbequem jedoch wurde es erst, nachdem Christoph Kolumbus Amerika entdeckt hatte: Daraufhin ließ das Interesse der spanischen Krone an den zuvor strategisch bedeutsamen Inseln nach. Piraten übernahmen mehr und mehr das Kommando im Mittelmeer. Und wenn die Inselbewohner diese schon nicht aufhalten konnten, so sollte es ihnen doch so schwer wie möglich gemacht werden, die Besitztümer zu plündern.

Daraus resultierten mehr als 30 Wehrkirchen, mit denen sich die Inselbewohner im Verlauf des 16. Jhs. vor den zunehmenden Angriffen zu schützen begannen. Aus diesem Grund wurden die Kirchen zu regelrechten Festungen ausgebaut. Die Öffnungen, die nach kleinen Fenstern aussehen, dienten seinerzeit als Schießscharten. In den Kirchen lagerten Waffen. Und zuweilen standen auf den Dächern sogar Kanonen, um Feinde in die Flucht zu schlagen.

Gemessen an anderen katholischen Kirchen gestaltete man das Innere der Wehrkirchen sehr karg und schmucklos, damit die Feinde im Falle einer Einnahme zumindest keine wertvollen Schätze erbeuten konnten.

Was also früher dem eigenen Schutz diente, erfreut heute das Auge der Touristen. Den größten Eindruck weckt zweifelsohne die Kirche auf dem Puig de Missa, einem 52 m hohen Hügel über Santa Eulària. Von Weitem erinnert hier wenig an einen Gottesdienst, vielmehr spricht die Anlage dieselbe Formensprache wie eine Burg. Rund um die Kirche nämlich haben sich im Laufe der Jahrhunderte zahlreiche weitere Bauten angesiedelt. Und diese sind zusätzlich von einer kräftigen Mauer umgeben.

In einer imaginären Hitparade der schönsten Wehrkirchen ginge der zweite Platz an Sant Miquel. Hier thront das Bauwerk ebenfalls auf einem Hügel, der sich außerhalb der Ortschaft befindet und eine sehenswerte Aussicht bietet. Der dritte Platz wäre Es Cubells sicher: Hier steht die Kirche direkt auf einer Klippe. Und sie bietet einen derart famosen Ausblick, dass Prominente hier gern ihre Hochzeit feiern. In früheren Jahrhunderten zählte hingegen nur das Privileg, den herannahenden Feind möglichst früh erblicken zu können.

Der Innenhof der Kirche von Sant Miquel bietet heutzutage Schutz vor Sonne und Hektik

Croissant Show €

Freunde französischer Backwaren aufgepasst: Diese Panaderia erhebt den Anspruch, die besten Croissants der Insel anzubieten. Doch auch der Kaffee schmeckt hervorragend.

• Passeig de Salamera | Santa Eulària
  Tel. 971 31 96 10

Kathmandu €

Ein Restaurant mit leicht kitschigem Interieur, man könnte allerdings auch sagen: authentisch fernöstlich. Wer nach einer wochenlangen Fisch- und Meeresfrüchtediät mal Lust auf ein scharfes Curry hat, kommt hier preiswert auf seine Kosten.

• Carrer Sant Vicent 49 | Santa Eulària
  Tel. 971 33 96 35
  www.kathmanduibiza.com

Shopping

Supermercado Toni

Truck-Stop mit angeschlossenem Supermarkt auf halber Strecke zwischen Eivissa und Santa Eulària: Neben frischem Obst, Gemüse und Fleisch gibt es fast alle nennenswerten Produkte der Insel. Hier entdecken Weinfreaks alle namhaften Tropfen aus Ibiza, Formentera und Katalonien. Ach, wären doch alle Supermärkte kettenunabhängig! **50 Dinge** ㉒ › S. 14.

• Carretera Sant Joan, km 4
  Ca Na Negreta | Tel. 971 31 28 09
  tgl. 7.30–22 Uhr

Es Canar ② [F2]

Strände, Hotels und Restaurants für den Urlaub alter Schule. Es Canar würde der Allgemeinheit wahrscheinlich nicht weiter auffallen, wenn es nicht gleichzeitig Austragungsort einer der bedeutendsten wiederkehrenden Veranstaltungen Ibizas wäre: Der Markt von Punta Arabí, der wahlweise als Hippie- oder als Straßenmarkt deklariert wird, zieht mittwochs Urlauber aus allen Winkeln der Insel an. Einen Besuch wert ist darüber hinaus die Cala Martina südwestlich des Ortes: eine wunderbare Badebucht, die auch zum Schnorcheln und zum Surfen einlädt.

Restaurants

Nikki Beach €€€

Hochpreisiger High-Society-Beachklub mit exquisiter Küche und teuren Strandliegen.

• Avinguda de s'Argamassa
  Santa Eulària | Tel. 619 75 37 10
  www.nikkibeach.com
  April–Sept. 11–20 Uhr, im Juni und Aug. open end

Atzaró Beach €€–€€€

Der Beachklub des gediegenen Agroturismo lockt mit vorzüglicher Lage (Blick auf die Insel Tagomago) und gutem Seafood.

• Cala Nova | Tel. 971 07 82 28
  www.atzaro.com | tgl. 11–22 Uhr

Rias Bar €

Direkt am Wasser und bezahlbar: Dieser Chiringuito ist eine gute Adresse für ein schmackhaftes Essen mit der ganzen Familie. Zum Angebot gehören Kindermenüs – und der Sonnenuntergang zum Dessert ist im Preis inbegriffen.

• Cala Pada | Tel. 609 66 79 79
  www.rias-bar-ibiza.com
  durchgehend geöffnet

Farbenpracht und Warenvielfalt sorgen für gute Laune auf dem Markt von Punta Arabi

Shopping

Hippymarkt (SIC!) Punta Arabi

Schon seit 1973 findet dieser Markt inmitten einer Ferienanlage statt. Er ringt mit Las Dalias um den Titel des größten, schönsten, besten und besuchenswertesten Hippiemarktes der Insel. ! Die Angebotspalette umfasst Kunsthandwerk, freundliche Sommerklamotten und allerlei Ibiza-Memorabilien. Natürlich wird an den bis zu 500 Ständen auch viel Nippes angeboten. **50 Dinge** (37) › **S. 16.**

- Club Punta Arabi | Av. Punta Arabi Santa Eulària
  Tel. 971 33 06 50
  www.hippymarket.info
  Mi 10–19 Uhr

Rastrillo Cana Llena

In der Nähe von Es Canar gibt es noch eine abgerockte Variante des touristischen Markts von Punta Arabi. Hier gibt es keine Neuware, aber ! Livemusik und einen Stand mit original deutschen Würstchen (So 9–16 Uhr).

Cala Llonga 3 [E3]

Die Bucht mit ihren grün bewaldeten Hängen und dem sanft abfallenden Strand sähe aus wie gemalt, wäre sie nicht von bösartigen Investoren mit Hotelklötzen zugebaut worden. Einen schönen Strandtag kann man hier natürlich trotzdem erleben. Zumal die fehlende Ästhetik durch familienfreundliche Einrichtungen wie einen kleinen Park mit Spielplatz ausgeglichen wird. Außerdem ist die Bucht mit einem Netz gegen das Eindringen von Quallen geschützt.

Restaurants

Amante €€–€€€

Traumhaftes Anwesen direkt am Wasser. Neben sehr gutem Seafood ist das Haus auch für sein Freilichtkino und die Yogakurse bekannt. **50 Dinge** (5) › **S. 12.**

- Cala Sol den Serra | Cala Llongo
  Tel. 971 19 61 76
  www.amateibiza.com

Cafetería Los Albatros €–€€

Simples Restaurant in Strandnähe mit gleichbleibend gutem, klassisch spanischem Essen. Bei Fußballübertragungen treffen sich die Fans vor der riesigen Leinwand.

- Carretera Cala Llonga 60
  Cala Llonga | Tel. 971 19 66 38

Cala Talamanca 4 [E3]

Die Hügel zwischen Santa Eulària und der Cala Talamanca sind stark zersiedelt: Hier befinden sich neben dem einzigen Golfplatz Ibizas und mehreren Steinbrüchen auch viele Wohngebiete. Oft sind die Häuser hinter hohen Mauern versteckt. Aber dann erreicht man die Cala Talamanca, die sich zwischen zwei Landzungen ausbreitet. Der Sandstrand wird insbesondere von den Einheimischen geschätzt, die nicht in den Sog des Trubels an der Platja d'en Bossa gezogen werden möchten. Der Fußweg von Cala Talamanca bis zum Hafen von Eivissa beträgt lediglich 3,5 km.

Restaurant

Sa Punta €€–€€€

Ein auf den nackten Felsen gelegenes Restaurant mit einem fantastischen Blick über die Bucht von Talamanca.

Am Horizont kann man von hier aus die oberen Gefilde von Dalt Vila ausmachen – aber auch die Kreuzfahrtschiffe, wenn gerade welche im Hafen von Eivissa liegen. Die Küche ist modern und ambitioniert, wobei bezüglich der Zutaten hier allerdings nicht unbedingt

Unterwegs im Osten

Tour 11

Wanderung über die Punta d'en Valls

Pou des Lleó › Torre de Campanitx › Pou des Lleó

lokales Denken vorherrscht. Deutlich einfacher geht es in dem Chiringuitos nebenan zu.

- Carretera des Pouet
  Talamanca
  Tel. 971 193 424
  www.sapuntaibiza.com

Nostra Senyora de Jesús 5 [D3]

Bei Dauergästen der Insel erfreut sich der meist nur kurz Jesus genannte Ort mit immerhin 6000 Ein-

Felsklippen und Fischerhütten rahmen die kleine Bucht Pou des Lleo

wohnern einiger Popularität, weil es hier recht viele Restaurants und Bars gibt. Sogar auf ein Fitnessstudio muss man nicht verzichten.

Für Besucher am interessantesten ist die Kirche, deren Altar aus dem 15. Jh. stammt. Darauf ist das Gesicht der Jungfrau Maria zu sehen. Grund genug, ihn zu den bedeutendsten Werken früher balearischer Sakralkunst zu zählen. Die umliegenden Hügel sind mit Koniferen bewaldet.

Restaurants

Marc's €€€

Schickes Restaurant mit großer Gartenlaube. Insbesondere die Tapas unterscheiden sich von den sonst gängigen Kreationen. Auch das Ceviche von Edelfischen auf mariniertel Avocado kann sich sehen lassen. Der Chef kapriziert sich gerne auf Menüs mit Weinbegleitung (auch mittags). Spargel-Junkies aufgepasst: Im Mai gibt es deutsche Stangen aus Bruchsal.
• Carretera Cala Llonga (km 0,6) | Jesus
Tel. 971 31 62 45

www.restaurante-marcs-ibiza.com
Mitte Juni–Anfang Sept. tgl. 19.30–1, sonst Mo–Sa 13–15.30 und 19–1 Uhr

Harbour Club €€–€€€

Ein niederländisches Erfolgskonzept wagte den Sprung ins warme Wasser von Ibiza und fand auf Anhieb eine Fangemeinde. Diese definiert den Idealfall wie folgt: Sushi schlemmen und in Strandliegen abhängen.
• Carrer Des Feixes | Talamanca
Tel. 971 19 33 80
www.theharbourclub.com
Mai–Okt. tgl. 10–2 Uhr

Es Figueral 6 [F1]

Der Strand von Es Figueral eignet sich vorzüglich zur Beobachtung von Stand-up-Paddlern. Anfänger dieser Disziplin bevorzugen sehr ruhige Gewässer – und dies trifft auf diesen Küstenabschnitt im Osten Ibizas zu. Familien und Pärchen lassen es sich hier gut gehen, ebenso kleinere Gruppen junger Reisender. So unauffällig der Ort ist, so atemberaubend sind die Bucht Pou des Lleó und die Halbinsel, die sich im Süden anschließen.

Pou des Lleó 7 [F2]

❗ Die winzige Bucht ist von Felsen und Fischerhütten eingerahmt. Die Wasserfarbe mäandert zwischen smaragdgrün und tiefblau. Die sich an der Südflanke so pittoresk über das Wasser spannende ❗ Naturbrücke fordert Mutige zum Klettern heraus.

Hotel

Can Talaias €€€

Das Landgut befindet sich auf einem Hügel, der einen sehr schönen Ausblick auf das Meer gestattet. Die Zimmer sind behaglich eingerichtet und haben zum Teil eine eigene Terrasse. Das Anwesen gehört dem Sohn eines britischen Schauspielers und gilt als Magnet für Vertreter dieses Berufsstandes.

• Apartado 244 | Sant Carles
Tel. 971 33 57 42
www.hotelcantalaias.com

Restaurant

Pou des Lleó €–€€

Traditionelle Inselküche mit Gerichten wie *Bullit de Peix*. Fisch von lokalen Fischern. Bei gutem Wetter speist man in der schönen Gartenlaube.

• Es Pou des Lleó | Santa Eulària des Riu
Tel. 971 335 274
www.poudesleo.com
Nov.–Ostern geschl.

Torre de Campanitx 8 [F2]

Das Bauwerk auf der Halbinsel Punta d'en Valls wurde 1763 vollendet und reiht sich ein in die Phalanx der zehn noch erhaltenen ibizenkischen Wehrtürme aus dem 18. Jh. Ein Wachposten warnte die Insulaner bei drohender Gefahr. Wer sich darüber wundert, wie man ins Inneres gelangt: ohne Leiter funktioniert das nicht! Besichtigen kann man Turm aber auch nicht. Immerhin eröffnet sich jenseits eine wunderbare Aussicht auf Tagomago.

Illa de Tagomago [F1–G2]

Tagomago dehnt sich von Nord nach Süd immerhin 1525 m aus und verfügt über eine 113 m hohe Erhebung. An der Westseite gibt es einen Naturhafen. Nicht schlecht für ein Eiland, das als Privatinsel zur Miete angepriesen wird. Abgesehen von einer stattlichen Villa, die der deutsche Adelsclan der Thurn und Taxis in den 1980er-Jahren dort errichten ließ, ist Tagomago unbebaut. Bis Ende des 19. Jhs. waren noch einige Fischer auf dem Eiland ansässig. Auch der deutsche Adel verließ die Insel wieder. Inzwischen wird ein Hamburger Immobilienmakler als Besitzer geführt. In den einschlägigen Boulevardblättern fiel der Name Tagomago zuletzt im Jahr 2008, als die Journalistin Sabine Christiansen dort heiratete. Freunde dekadenter Domizile werden beim Besuch der Webseite ihre Freude haben (www.tagomago-island.com). **50 Dinge** ② › S. 12.

EXTRA-TOUREN

Tagesausflug nach Formentera

Route: **Eivissa** › **Cap de Barberia** › **Cala Saona** › **Migjorn** › **Pilar de la Mola** › **Platja Llevant** › **San Francesc** › **Eivissa**

Karte: Klappe hinten
Dauer: 1 Tag, etwa 70 km auf Formentera
Praktische Hinweise:

- Zwischen Ibiza und Formentera verkehren Fähren von drei Anbietern, deren Preise je nach Saison, Uhrzeit, Schiffstyp (normale oder Schnellfähre) und Vorbuchungsfrist variieren. Trasmapi (www.trasmapi.com) und Balearia (www.balearia.com) nehmen auf ihren großen Fähren zum Teil auch Autos mit. Tickets inklusive Pkw-Transport kosten in der Hochsaison zwischen 75 und 82 Euro, die reine Überfahrt ist bei Vorbuchung bereits ab 20 Euro/Pers. zu haben. Beide Unternehmen pendeln in der Hochsaison mehr als 20 Mal pro Tag zwischen den Inseln. Etwas gemächlicher geht es bei Aquabus (www.aquabusferryboats.com) zu, die auf ihren kleineren Booten Tickets für die Überfahrt zu 19 Euro (hin und zurück) anbieten.
- Das Schnellboot mit Autotransport ist die beste Variante, wenn man an einem Tag die Nachbarinsel erkunden möchte. Alternativ können auch Fahrräder oder Scooter ausgeliehen werden.
- In Eivissa muss man beachten, dass der Hafen drei Terminals hat: Am Stadthafen legen die Personenfähren von Trasmapi und Aquabus ab. Und etwa auf der Höhe vom Kreisverkehr der Marina (erste Ausfahrt rechts nehmen) legen die Autofähren nach Formentera ab.
- **Oficina de Turismo La Savina** (Hafen)
Carrer de Calpe | 971 32 20 57 | www.formentera.es
Mo–Sa 10–19 Uhr, So 10–16 Uhr

Unter dem Oberbegriff der Balearen bilden Ibiza und Formentera gemeinsam eine eigene, kleinere Inselgruppe: die Pityusen. Der Name entstammt dem Griechischen und verweist auf die zahlreichen Pinien, die hier gedeihen. Tatsächlich ist die längliche Silhouette der kleineren Nachbarinsel auf Ibiza so allgegenwärtig, dass ein Ausflug hinüber zu den permanenten Versuchungen gehört. Nach gut einer Stunde erreicht die Autofähre von **Eivissa** › S. 54 aus den Hafen von **La Savina** [D5] auf Formentera, den Besucher getrost hinter sich lassen können. Von hier aus bietet sich die Fahrt zu einem ersten landschaftlichen Highlight an: Im Hauptort Sant Francesc folgt man zunächst der Straße zum **Cap de Barbaria** [D6]. Fast geradeaus geht es 12 km durch eine zunehmend karge Landschaft, ehe ein schneeweißer Leuchtturm

Ein Fischer tuckert mit seinem Boot um Formentera

das Südwestende der Insel markiert. Die schroffe Küste, die hier dramatisch ins Meer abfällt, mag Erinnerungen an nordische Gefilde wecken, doch es handelt sich um den südlichsten Punkt der Balearen. Afrika liegt nur noch 168 km entfernt. Etwa 50 Schritte westlich des Turms übrigens kann man durch ein deutlich sichtbares Loch im Boden zu einer Klippe absteigen, einen favorisierten Ort zur Beobachtung von Sonnenuntergängen.

Die meisten Urlauber kommen wegen der Bademöglichkeiten nach Formentera. Auch bei einer Tagesvisite sollten daher die etwas abgelegenen Strände nicht zu kurz kommen. Der erste Abstecher bietet sich auf der Rückfahrt vom Kap, 3 km vor Sant Francesc, an: Die Bucht **Cala Saona** [D6] ist die größte ihrer Art an der felsigen Westküste – ein herrliches Plätzchen vor allem außerhalb der Hochsaison. Auf dem Weg in den Inselosten wartet hinter Sant Ferran des Ses Roques an der Südküste mit der **Platja de Migjorn** [E6] das nächste Highlight. Der unterschiedlich breite Sandstrand begleitet die Küstenlinie auf einer Strecke von mehr als fünf Kilometern. Wegen des offenen Meeres kann der Wellengang hier beachtlich sein. Die letzte Stichstraße gen Süden führt unter anderem zur Beachbar 10.7 (auch: 10punto7, €€, km 10,7, Platja Migjorn, tgl. 11–1 Uhr, www.10punto7.com), die leckeres Seafood mit japanischem Einschlag zubereitet und von der man einen grandiosen Blick aufs Meer genießen kann. Wer sich entscheidet eine Nacht auf Formentera zu bleiben, sollte an dem inseltypischen Domizil Casa Serena (€€–€€€, Camí des Codol Foradat, km 8,9, Migjorn, Tel. 618 10 41 70, www.casaserenaformentera.com, geöffnet Mai–Sept./Okt.) mit fünf individuell eingerichteten Zimmern seine wahre Freude haben.

Hell ist der Sand und seicht das Meer an der Platja de Migjorn

Weithin sichtbar ragt der Faro de la Mora über Formentera auf

Selbst Besuchern mit nachlässiger Vorbereitung dürfte nicht entgangen sein, dass der Osten Formenteras deutlich höher gelegen ist. Wenn sich auf der sonst so flachen Insel plötzlich Serpentinen aufbauen, dürften sich Radfahrer gar an einen schweren Bergpass erinnert fühlen. Sie führen hinauf nach **El Pilar de la Mola** [F6], ein Dorf mit weniger als 200 Einwohnern, das seinen Namen zwei Windmühlen verdankt. Bis heute hält sich hartnäckig die Legende, dass eine von beiden im Jahr 1968 von Bob Dylan bewohnt wurde. Formentera hat ebenso wie Ibiza viele Hippies angezogen, die ihren Geschäftssinn heute auf dem Mercadillo Fira de la Mola an der Hauptstraße ausleben, es gibt hier Kunsthandwerk, Juwelen, Mode und Livemusik (Mi, So 16–22 Uhr).

Anschließend breitet sich auf gut 180 m eine Hochebene aus, die von einer abermals nahezu geraden Straße durchschnitten wird. Sie endet im äußersten Osten der Insel an einem weißen Leuchtturm, **Faro de la Mora** [F6], dessen Standfestigkeit sich wohltuend von den windschiefen Agavenblüten abhebt. Das Bauwerk wurde 1861 eröffnet und ist zurzeit nicht zugänglich. Dahinter fällt das Land einfach ins Meer ab – ohne Schilder und ohne Zaun.

Wer nun meint, damit habe Formentera seine Trümpfe ausgespielt, irrt gewaltig. Denn nun geht es zurück über Sant Ferran und weiter über **Es Pujols** [D5] zum Nordzipfel Formenteras. Schließlich wird dessen Ostflanke von jenen feinen Sandstränden gesäumt, die bei Inselbesuchern Assoziationen mit der Karibik wecken: Dank des sanft abfallenden Untergrunds nimmt das Wasser hier eine lieblich blaue Farbe mit grünlichem Einschlag an, die zu den kühnsten Vergleichen inspiriert. Die **Platja Llevant** [D5], die weiter nördlich in die Landzunge Es Trucadors übergeht, ist weitläufig, breit und wird zudem von einem meist sanften Wellengang gestreichelt. Diese

Kombination stößt vor allem bei einer Nation auf Gegenliebe, die man hier kaum erwarten würde: Italiener besuchen Formentera in Scharen, um ihre gestählten, tätowierten und zuweilen operativ optimierten Körper zur Schau zu stellen. Manchmal wirkt sich die Überzahl auch auf die Beschallung (Celentano! Ramazotti!) aus. Ansonsten aber ist das Badevergnügen von erhabener Schönheit.

Nach einem solch vielseitigen Tag fehlt nur noch ein charmantes Dorf. Gut also, dass Formentera mit **Sant Francesc Xavier** [D6] über ein wahres Bilderbuchexemplar verfügt. Strahlend weiße Häuser mit freudigen Farbapplikationen, eine lebendige Fußgängerzone mit geschmackvollen Boutiquen, Cafés (Ca Na Pepa €–€€, Plaça de la Constitucion 5, Sant Francesc, Tel. 971 321091, www.canapepa.com, tgl. 8–0.30 Uhr oder Big Store €, Carrer d'Isidor Macabich 2, Sant Francesc, Tel. 971 32 31 54) und natürlich mit interessanten Lokalen. Wer donnerstags auf der Insel ist, sollte sich das Pintxos-Menü im Restaurant Es Mares (Es Marès €–€€, Carrer de Santa Maria 15, Sant Francesc, Tel. 971 323216, www.hotelesmares.com) nicht entgehen lassen: Es kommen baskische Snacks auf den Tresen, die sich der Gast nach Belieben auf den Teller lädt. Bezahlt wird auf Basis der zurückbleibenden Spieße *(pintxos)*. Bis zum Hafen von La Savina sind es von hier aus mit dem Auto kaum mehr als fünf Minuten. Die letzte Fähre zurück nach Ibiza kann in der Nebensaison ganz schön leer sein.

Tour 13 Auf den Spuren der Hippies

Route: **Sant Carles** › **Cala Benirràs** › **Mirador Es Vedrà** › **Atlantis**

Karte: Klappe hinten
Dauer: 1 Tag, ca. 65 km
Verkehrmittel: Ein Mietwagen ist erforderlich, da die Route chronologisch den Spuren der Hippies quer über die ganze Insel folgt.

Mit langen Haaren, auffällig ornamentierter Kleidung und zuweilen auch mit Gitarren ausgestattet, entdeckten die Anhänger eines alternativen Lebensstils die Insel für sich. Dabei haben sie Rituale entwickelt, die auch bei den nachfolgenden Generationen populär sind. Als Ibiza in den 1960er- und 1970er-Jahren bekannter wurde und sich viele Hippies auf der Suche nach einem besseren Leben in **Sant Carles** › S. 107 ansiedelten, war **Las Dalias** › S. 107 nur eine kleine Bar vor den Toren des Ortes. Grund dafür, dass sich daraus der Hippiemarkt entwickelte, war das steigende Bedürfnis der Namensgeber nach einem Einkommen, das immer dringlicher wurde. Heute ist der Markt eines der Aushängeschilder Ibizas – und ziemlich kommerziell. Aufgrund des beträchtlichen Verkehrsaufkommens sollte man entweder früh erscheinen oder Geduld mitbringen. Der Aufwand lohnt auf jeden Fall, handelt es sich doch um eine jener Sehenswürdigkeiten, die das Phänomen Ibiza maßgeblich geprägt haben. Wer Las Dalias besucht, hat es anschließend zur **Bar Anita** › **S. 107** nicht weit. Das Lokal befindet sich in Sant Carles und gilt als erste Hippiebar der Insel. Als solche war sie lange Jahre der gesellschaftliche Dreh- und Angelpunkt des Ostens. Die Einrichtung ist noch weitgehend so wie in jenen Zeiten, als die einstige Wirtin hier Querdenker und Intellektuelle empfangen hat.

Vom Ortsausgang geht es dann etwa 1 km weiter in Richtung Norden, bis ein Schild eine alternative Route nach Sant Carles ausweist. Hier links abbiegen und Kurs auf Sant Llorenç de Balafia nehmen. An der E-10 rechts in Richtung Sant Joan fahren, bis die SN-1 links gen Sant Miquel abbiegt. Nach etwa 2 km ist mit der Abzweigung zur **Cala Benirràs** › **S. 123** ein weiteres Hippie-Monument in Reichweite. Die kleine Bucht verfügt über zwei Besonderheiten: Sie öffnet sich in Richtung Westnordwest und eignet sich somit vorzüglich zur rituellen Beobachtung des Sonnenuntergangs. Außerdem befindet sich in zentraler Lage ein dekorativer Felsen im Wasser. Diese Vorzüge sind den hedonistischen Hippies nicht verborgen geblieben. Um dem Naturschauspiel akustisch gerecht zu werden, haben sie sich eine passende Zeremonie ausgedacht: Jeden Sonntag, wenn der Nachmittag zum frühen Abend wird, versammeln sich hier die Musiker, um stundenlang ihre Trommeln zu bearbeiten.

In Sant Francesc Xavier auf Formentera lässt man es entspannt und ruhig angehen

Anschließend geht es in den Inselwesten. Nächste Station der Hippieroute ist die beste Aussichtsplattform in Richtung Es Vedrà. Zunächst fährt man am besten zurück zur E-10 und von dort aus über Eivissa nach Sant Josep. Hier nach links abbiegen und Kurs auf die **Cala d'Hort** › **S. 99** nehmen. Kurz bevor die Straße steil zur Küste hinabführt, wird auf der linken Seite ein Parkplatz sichtbar, der **Mirador Illa Es Vedrà** › **S. 100** mit bestem Bick auf die Insel Es Vedrà. Aber Vorsicht: Die Klippen sind nicht durch Zäune gesichert. Auf dem Felsen haben sich Generationen von Hippies versammelt, einst und jetzt gern mit VW-Bullis und Gitarren. Ganz in der Nähe wartet mit **Atlantis** › **S. 101** noch ein letzter mythischer Ort: Dafür schlägt man auf derselben Route den Weg zurück ein. Wenn es an einer Kreuzung links nach Sant Josep und zur Cala Vedella geht zweigt in die andere Richtung ein anfangs asphaltierter Weg ab. Man folgt den Schildern zum Torre des Savinar, zu dessen Linker der Weg hinunter zur geheimnisvollen Stelle führt. Hier nun kann der geneigte Betrachter seiner Fantasie freien Lauf lassen, um die Reste einer untergegangenen Stadt zu entdecken (so wie es die Hippies gemacht haben), oder schlicht einen Steinbruch betrachten, dessen Strukturen Ähnlichkeit mit einer Siedlung haben. Im Zweifelsfall hilft ein kühles Bad bei der Entscheidung.

Tour 14 Von Beachklub zu Beachklub

Route: Es Canar › Santa Eulària › Cala Llonga › Platja d'en Bossa › Cala Jonda

Karte: Klappe hinten
Dauer: 1 Tag, 42 km
Praktische Hinweise:
- Die meisten Beachklubs sind nur von Mitte Mai bis Ende September geöffnet.
- Wer sich für eine Tour durch die Beachklubs entscheidet, sollte vorab einen Fahrer bestimmen. Oder sich die Dienste eines solchen buchen.
- Der Spaß ist nicht günstig: Zum Beachklub gehört ein ambitioniertes, meist exklusives Restaurant und ein Bier kostet im Allgemeinen ca. 10 €. Die Preisbarriere gewährleistet, dass der Jetset die begehrten Plätze nicht mit allzu vielen »gewöhnlichen« Urlaubern teilen muss.

Sehen und gesehen werden, heißt es auf Ibiza. Die idealen Rahmenbedingungen bieten die Beachklubs, die sich vom einfachen Chiringuito und der gewöhnlichen Strandbar sichtbar, spürbar und meist auch hörbar abheben. Als Ausgangspunkt eignet sich der **Atzaró Beach** › **S. 138**, die Außenstelle eines der besten und exklusivsten Resorts der Insel am Strand nordöstlich

Am lauschigen Plätzchen über dem Waser lockt der Amante Beach Club

von Santa Eulària. Die Lage besticht durch einen exzellenten Blick auf die Insel Tagamago und ist durch die Ausrichtung nach Südosten für ein spätes Frühstück bestens geeignet. Auf der anderen Seite des Ortes **Es Canar** (am besten über die Avinguda Punta Arabi und den Carrer de sa Trenca fahren) öffnet das **Nikki Beach** › **S. 138** am Rand von **Santa Eulària** eine neue Dimension. Die Tatsache, dass nach unbestätigten Berichten Boris Becker zu den regelmäßigen Gästen gehört, dürfte in etwa verdeutlichen, in welcher Liga der Klub spielt: Die geräumigen Liegen sind gegen eine Tagesgebühr von bis zu 170 Euro zu haben. Nachdem Santa Eulària durchquert ist, wartet an der Südwestflanke von **Cala Llonga** das **Amante** › **S. 139**, das anders als die meisten Konkurrenten eine gewisse Abgeschiedenheit für sich beanspruchen kann. Die durch einen Garten abgeschirmte Anlage befindet sich direkt an der Küste. Die erste Tischreihe steht sprichwörtlich am (nicht sehr tiefen) Abgrund. Danach geht es in die Höhle des Löwen: Auf der Flughafenautobahn gen Westen fahren und die Ausfahrt zur **Platja d'en Bossa** wählen. Hier ist das **Lips** › **S. 73** eine Exklave der Eleganz. Die Liegen stehen auf echtem Strand, während das Interieur des Klubs hochqualitativen Designzeitschriften entliehen scheint. Das **Blue Marlin** › **S. 81** schließlich ist der krönende Abschluss: Man erreicht den Klub über die PM-803 in Richtung Sant Josep, dann in Richtung Sa Caleta nach links abbiegen und schließlich nach rechts zur **Cala Jonda** fahren. Im Klub ist der Celebrity-Faktor hoch: Unter anderem Sylvester Stallone, Leonardo di Caprio, Tim Burton, aber auch Ruud Gullit und Lewis Hamilton waren schon hier. Nach dem Auftakt im Osten eignet sich das Blue Marlin perfekt für das große Finale, denn am frühen Abend scheint die Sonne nun genau auf dieses Etablissement.

Infos von A–Z

Alkohol

In Sant Antoni nahmen die Probleme derart zu, dass der Stadtrat 2016 ein teilweises Alkoholverbot erließ: Selbst erworbene alkoholische Getränke dürfen auf Straßen und an Stränden nicht konsumiert werden.

Ärztliche Versorgung

Der Ärztliche Notdienst ist unter 061 erreichbar (auch Krankenwagen). Das wichtigste Krankenhaus Can Misses befindet sich in Eivissa (Tel. 971 39 70 00).

Auf der Insel praktizieren zahlreiche deutsche Ärzte, in Santa Eulària gibt es sogar ein deutsches Ärztezentrum (Tel. 971 33 06 70). Alle wichtigen Orte verfügen über Ärztezentren (centros medicos). Weitere Adresse unter www.ibizaheute.de.

Die ibizenkischen Apotheker verfügen in der Regel über eine sehr gute Ausbildung und beraten bei kleineren Blessuren. Am Hafen von Eivissa existieren drei Apotheken, von denen jeweils eine den nächtlichen Notdienst anbietet.

Barrierefreies Reisen

Die touristische Infrastruktur auf Ibiza ist nahezu lückenlos ausgeprägt. Auf der Insel gibt es etwa zwei Dutzend Hotels und Apartmentanlagen, die barrierefreie Ferien anbieten können. Von den Empfehlungen in diesem Buch gehören u. a. El Hotel Pacha › S. 69 in Eivissa und das Landgut Can Lluc › S. 114 dazu. Besonders erfreulich: Der Strand von Santa Eulària wurde als erster der gesamten Baleraren mit einem Siegel für allgemeine Barrierefreiheit ausgezeichnet. Hier wird auch die Betreuung von speziell geschulten Mitarbeitern des Roten Kreuzes angeboten. Auskünfte erteilen die örtlichen Tourismusbüros.

Diplomatische Vertretungen

- **Generalkonsulat der Bundesrepublik Deutschland**
  Palma de Mallorca, Calle Porto Pi 8 3 D, Edificio Reina Constanza
  Palma de Mallorca, Tel 971 70 77 37
  www.palma.diplo.de
- **Österreichisches Honorarkonsulat**
  Carrer Paraires 23
  Palma de Mallorca
  Tel. 971 42 51 46
  consuladoaustriapalma@mmmm.es
- **Schweizer Generalkonsulat**
  Antonia Martinez Fiol 6 Nr. 3A
  Palma de Mallorca
  Tel. 971 76 88 36
  palmamallorca@honrep.ch

Einreise

EU-Bürger und Schweizer benötigen für einen Aufenthalt bis zu drei Monaten Reisepass oder Personalausweis bzw. Identitätskarte, Kinder unter 16 Jahren einen eigenen Kinderausweis. Einträge im Reisepass eines Elternteils sind seit 2012 nicht mehr gültig.

Elektrizität

Hotels und Ferienwohnungen verfügen über eine Spannung von 220 Volt Wechselstrom, was dem zentraleuropäischen Standard entspricht.

Feiertage

- **Überregionale gesetzliche Feiertage:** 1. Jan. (Neujahr), 6. Jan. (Dreikönigstags), 1. März (Tag der Balearen), Gründonnerstag, Karfreitag, 1. Mai (Tag der Arbeit), 15. Aug. (Maria Himmelfahrt), 12. Okt. (Nationalfeiertag), 1. Nov. (Allerheiligen), 6. Dez. (Tag der Verfassung), 8. Dez. (Maria Empfängnis), 25. Dez. (Weihnachten), 26. Dez. (hl. Stephan).

- Außerdem feiert jede Ortschaft den Namenstag ihres Schutzpatrons.

FKK

Sonnenbaden oben ohne ist an den Stränden Ibizas nicht ungewöhnlich. Mit Es Cavallet (östlich der Salinen) ist ein Küstenabschnitt als FKK-Strand ausgewiesen.

Geld

Landeswährung ist der Euro (€). Bankautomaten sind weit verbreitet. Kreditkarten werden in nahezu allen Geschäften und Restaurants akzeptiert.

Haustiere

Für die Mitnahme von Hunden und Katzen benötigen Tierbesitzer einen EU-Heimtierausweis mit gültiger Tollwutimpfung. Auch muss das Tier mit einem Mikrochip gekennzeichnet sein.

Informationen

Die offizielle Webseite des Tourismusbüros von Ibiza hält zahlreiche Informationen über die Insel bereit: www.ibiza. travel/de.

Außerdem erteilen die spanischen Fremdenverkehrsämter telefonisch Auskunft. Prospekte können online bestellt werden: www.spain.info
- **Deutschland:**
  Lichtensteinallee 1,
  10787 Berlin, Tel. 030 882 65 43
  berlin@tourspain.es;
  Myliusstr. 14
  60323 Frankfurt/M
  Tel. 069 72 50 33
  frankfurt@tourspain.es;
  Postfach 151940, 80051 München
  Tel. 089 53 07 4611
  munich@tourspain.es
- **Österreich:**
  Walfischgasse 8/14, 1010 Wien
  Tel. +43 15 12 95 80-11
  viena@tourspain.es

- **Schweiz:**
  Seefeldstr. 19, 8008 Zürich
  Tel. +41 44 253 60 50
  zurich@tourspain.es

Internet

Das Netz funktioniert schnell und weithin störungsfrei, viele Cafés betreiben kostenlose WLANs und reagieren sehr freundlich, wenn man nach dem Passwort fragt.

Kleidung

Von Juni bis September genügt leichte Sommerkleidung, ansonsten kann es vor allem abends und am Wasser empfindlich kühl werden. Ein Fall für den Zwiebel-Look also (viele Kleidungsschichten übereinander).

Medien

Das Monatsmagazin »Ibiza Heute« berichtet über verschiedene Facetten des Insellebens – wenn nötig auch kritisch. Mit den Sonnenseiten des Lebens beschäftigt sich in drei Sprachen (auch Deutsch) das Hochglanzmagazin »Ibiza Style«. Die Tageszeitungen heißen »Diario de Ibiza« und »Ultima hora de Ibiza«. Per Satellit sind deutsche Fernseh- und Radiosender in vollem Umfang zu empfangen, manche der Gastgeber sind damit ausgerüstet.

Notruf

- **24-Stunden-Notruf:** 112 (für alle Notfälle; auch auf Deutsch)
- **Lokale Polizei:** 092 und 971 31 58 61
- **Krankenwagen & Ärztlicher Notdienst:** 061

Öffnungszeiten

Auf Ibiza frönt man weithin der Siesta. Neben Läden schließen auch viele der Museen und Kirchen mittags für 2 bis 3 Std. ihre Pforten.

- **Geschäfte**: Die meisten Geschäfte öffnen 9/10–13/14 und 16/17 bis 19/20 Uhr. Supermärkte sind oft durchgehend 10–22 Uhr geöffnet.
- **Banken**: in der Regel Mo–Fr 8.30 bis 14 Uhr.
- **Post**: Mo–Fr 9–14, Sa 9–13 Uhr

Post

Briefmarken *(sellos)* für Postkarten und Standardbriefe innerhalb Europas kosten derzeit 0,62 €.

Rauchen

Zigaretten und Tabak werden nicht mehr an Tankstellen und in Supermärkten verkauft, sondern nur noch in lizensierten Tabakgeschäften. In Klubs und Bars ist das Rauchen verboten. Die Vorschriften werden nicht immer durchgesetzt. In Santa Eulària wurde erstmals ein Stadtstrand zum Nichtraucherstrand erklärt.

Sicherheit

Schwere Verbrechen kommen auf Ibiza selten vor. Die Zunahme reicher Gäste macht die Insel aber immer interessanter für Kriminelle. Diebstähle und Überfälle werden gelegentlich gemeldet. Gemieden werden sollten die oberen Gassen des Viertels Sa Penya in Eivissa, wo Drogenhandel recht weit verbreitet ist. Und man sollte seine Drinks im Auge behalten: In Klubs und Bars gibt es immer wieder Fälle, dass Gäste mit K.-o.-Tropfen außer Gefecht gesetzt werden. Auch auf Ibiza gilt: Was man nicht im Auto lässt, kann nicht gestohlen werden.

Telefon

Seit Einführung des EU-Tarifs sind die Roaminggebüren für alle **Mobiltelefone** *(cellular)*, Handy mit Vertrag oder Prepaidkarte, einheitlich. Ausführliche Infos: www.teltarif.de.

Für **Auslandsgespräche** wählt man zunächst die entsprechende Ländervorwahl (Deutschland 0049, Österreich 0043, Schweiz 0041) gefolgt von der Ortsvorwahl (ohne Null) und der Nummer desTeilnehmers.

Spanien ist vom Ausland aus unter der Ländervorwahl 0034 zu erreichen.

Trinkgeld

Wenn man mit dem Service zufrieden ist, darf man sich in Restaurants oder Cafés mit etwa 5 % Trinkgeld bedanken. Kleinere Dienstleistungen von Friseuren, Taxifahrern oder Kofferträgern sollten mit 1–2 € Trinkgeld honoriert werden.

Zoll

Innerhalb der EU existieren keine Beschränkungen mehr bei der Ein- und Ausfuhr von Gütern, sofern sie für den Privatgebrauch bestimmt sind. Als Richtmengen gelten 800 Zigaretten und 10 l Spirituosen. Schweizer können aus Ibiza u.a. zollfrei einführen: 200 Zigaretten oder 50 Zigarren, 1 l mit mehr oder 2 l mit Spirituosen mit weniger als 15 % Alkoholgehalt, 2 l Wein, 500 g Kaffee, 50 g Parfüm. Souvenirs sind bis zu einem Gesamtwert von 300 CHF steuerfrei.

Urlaubskasse	
Tasse Kaffee *(café solo)*	1,50–2 €
Softdrink	3–4 €
Glas Bier	4–5 €
Bocadillo	4–7 €
Kugel Eis	1,50–2,50 €
Taxifahrt (pro km)	1,09/1,33 €
1 l Superbenzin	1,50 €
Mietwagen/Tag	ab 20 €

Register

Bildnachweis

Coverfoto: Ibiza, Cala Salada Beach © Michele Falzone/AWL Images
Fotos Umschlagrückseite: shutterstock/pisaphotography (links), seasons agency/Oliver Schwarzwald (Mitte); seasons agency/OliverSchwarzwald (rechts)

canmarti.com: 122; cocobeachibiza.com: 69; Fotolia/Lukasz Janyst: 27; Fotolia/manfredkoch: 91; Fotolia/lunamarina: 26, 39, 120; Fotolia/nito: U2-1; Glowimages/imagebroker: 58, 61, 66, 67, 87, 109, 110-111, 133; Glowimages: 76, 104, 107, 134, 137, 149; Glowimages/superstock: 79; Huber Images/Reinhard Schmid: 20; Huber Images/Hans-Peter_Huber: 32; Huber Images/Sabine-Lubenow: 48; Ralf-Johnen: 8, 9 o, 9 u, 10 o; laif/Amme: 93, 123; laif/Monica Gumm: 80; laif/Gunnar Knechtel: 74; laif/Knop: 105; mauritius images/age/Jon Ivern: 115; mauritius images/Alamy/Nano Calvo: 43; mauritius images/Alamy/Robert Harding: 44; mauritius images/Imagebroker: 127; mauritius images/Alamy/Shirley Kilpatrick: 13; mauritius images/Alamy/David Pearson: 151; mauritius images/Alamy/scanpress: 31; mauritius images/Alamy/M-Sobreira: 65, 71; mauritius images/Imagebroker/Siepmann: 84; saldeibiza.com: 16; seasons agency/Jalag/Theis Gulliver: 41; seasons agency/Jalag/OliverSchwarzwald: 15, 23, 45, 83, 113; shutterstock/Arts Illustrated Studios: 28; shutterstock/Ana del Castillo: 46; shutterstock/Eivaisla: 42; 75, 100; shutterstock/holbox: 6/7, 30, 35, 93, 116, 130, 142; shutterstock/xabi_kls: 117; shutterstock/Naeblys: 146; shutterstock/Ivan Neru: 40; shutterstock/nito: 51, 62-63, 99, 128-129; 147, U2-4; shutterstock/palomadelosrios: 136; shutterstock/pisaphotography: 50; shutterstock/Sergio TB: 10 u, 55, 144; shutterstock/Alex Tihonovs: 86; shutterstock/travellight: 124; shutterstock/Artesia Wells: 72, 103, 139, U2-2, U2-3.

Liebe Leserin, lieber Leser,
wir freuen uns, dass Sie sich für diesen POLYGLOTT on tour entschieden haben.
Unsere Autorinnen und Autoren sind für Sie unterwegs und recherchieren sehr gründlich, damit Sie mit aktuellen und zuverlässigen Informationen auf Reisen gehen können.
Dennoch lassen sich Fehler nie ganz ausschließen. Wir bitten Sie um Verständnis, dass der Verlag dafür keine Haftung übernehmen kann.

Ihre Meinung ist uns wichtig. Bitte schreiben Sie uns:
GRÄFE UND UNZER VERLAG GmbH, Redaktion POLYGLOTT, Grillparzerstraße 12, 81675 München, redaktion@polyglott.de, Tel. 089/41 98 19 41
www.polyglott.de

2. unveränderte Auflage 2017

© 2017 GRÄFE UND UNZER VERLAG GmbH, München

Dieses Buch wurde auf chlorfrei gebleichtem Papier gedruckt.
ISBN 978-3-8464-0004-3

Bei Interesse an maßgeschneiderten POLYGLOTT-Produkten:
Verónica Reisenegger
veronica.reisenegger@graefe-und-unzer.de

Bei Interesse an Anzeigen:
KV Kommunalverlag GmbH & Co KG
Tel. 089/928 09 60
info@kommunal-verlag.de

Redaktionsleitung: Grit Müller
Verlagsredaktion: Anne-Katrin Scheiter
Autor: Ralf Johnen
Redaktion: Renate Nöldeke
Bildredaktion: Barbara Schmid
Mini-Dolmetscher: Langenscheidt
Layoutkonzept/Titeldesign:
fpm factor product münchen
Karten und Pläne: GeoGraphic Production GmbH, München
Satz: Tim Schulz, Mainz
Herstellung: Anna Bäumner
Druck und Bindung:
Printer Trento, Italien

PEFC/18-31-506

Ein Unternehmen der
GANSKE VERLAGSGRUPPE

Mini-Dolmetscher Spanisch

Allgemeines

Guten Tag.	Buenos días. [buenos dias]
Hallo!	¡Hola! [ola]
Wie geht's?	¿Qué tal? [ke tal]
Danke, gut.	Bien, gracias. [bjen graθjas]
Ich heiße ...	Me llamo ... [me ljamo]
Auf Wiedersehen.	Adiós. [adjos]
Morgen	mañana [manjana]
Nachmittag	tarde [tarde]
Abend	tarde [tarde]
Nacht	noche [notsche]
morgen	mañana [manjana]
heute	hoy [oi]
gestern	ayer [ajer]
Sprechen Sie Deutsch / Englisch?	¿Habla usted alemán / inglés? [abla usted aleman / ingles]
Wie bitte?	¿Cómo? [komo]
Ich verstehe nicht.	No he entendido. [no e entendido]
Wiederholen Sie bitte.	Por favor, repítalo. [por fawor repitalo]
..., bitte.	..., por favor. [por fawor]
danke	gracias [graθjas]
Keine Ursache.	De nada. [de nada]
was / wer / welcher	qué / quién / cuál [ke / kjen / kual]
wo / wohin	dónde / adónde [donde / adonde]
wie / wie viel / wann / wie lange	cómo / cuánto / cuándo / cuánto tiempo [komo / kuanto / kuando / kuanto tjempo]
Warum?	¿por qué? [por ke]
Wie heißt das?	¿Cómo se llama esto? [komo ße ljama esto]
Wo ist ...?	¿Dónde está ...? [donde esta ...]
Können Sie mir helfen?	¿Podría usted ayudarme? [podria usted ajudarme]
ja	sí [ßi]
nein	no [no]
Entschuldigen Sie.	Perdón. [perdon]
Das macht nichts.	No pasa nada. [no paßa nada]

Shopping

Wo gibt es ...?	¿Dónde hay ...? [donde ai]
Wie viel kostet das?	¿Cuánto cuesta? [kuanto kuesta]
Ich nehme es.	Me lo llevo. [me lo ljevo]
Wo ist eine Bank?	¿Dónde hay un banco? [donde ai um banko]
Ich suche einen Geldautomaten.	Busco un cajero automático. [busko un kachero automatiko]
Geben Sie mir bitte cien gramos de queso. 100 g Käse.	Por favor, déme [por fawor deme θjen gramos de keßo]
Haben Sie deutsche Zeitungen?	¿Tienen periódicos alemanes? [tjenen perjodikos alemanes]
Wo kann ich telefonieren / eine Telefonkarte kaufen?	¿Dónde puedo llamar por teléfono / comprar una tarjeta telefónica? [donde puedo ljamar por telefono / komprar una tarcheta telefonika]

Essen und Trinken

Die Speisekarte, bitte.	La carta, por favor. [la karta, por fawor]
Brot	pan [pan]
Kaffee	café [kafe]
Tee	té [te]
mit Milch / Zucker	con leche / azúcar [kon letsche / aθukar]
Orangensaft	zumo de naranja [θumo de narancha]
Mehr Kaffee, bitte.	Más café, por favor. [mas kafe por fawor]
Suppe	sopa [ßopa]
Fisch	pescado [peskado]
Meeresfrüchte	mariscos [mariskos]
Fleisch	carne [karne]
Geflügel	aves [awes]
Reis	arroz [arros]
Beilage	guarnición [guarniθjon]
vegetarische Gerichte	comida vegetariana [komida vechetarjana]
Eier	huevos [uewos]
Salat	ensalada [enßalada]
Dessert	postre [postre]
Obst	fruta [fruta]
Eis	helado [elado]
Wein	vino [bino]
weiß / rot / rosé	blanco / tinto / rosado [blanko / tinto / roßado]
Bier	cerveza [θerweθa]
Wasser	agua [agua]
Mineralwasser	agua mineral [agua mineral]
mit / ohne Kohlensäure	con / sin gas [kon / ßin gas]
Limonade	gaseosa [gaßeoßa]
Ich möchte bitte zahlen.	La cuenta, por favor. [la kuenta por fawor]

Checkliste Ibiza

Nur da gewesen oder schon entdeckt?

☐ **Ibiza-Traum**
Der feine Beachklub Blue Marlin erfüllt mit Blick aufs azurblaue Wasser, chilliger Loungemusik, weißen Strandliegen, Fusionsküche und Star-Spotting alle Wünsche für den perfekten Tag. › S. 81

☐ **Unterwasserparadies**
Ein Spaß für die ganze Familie sind die Schuppertauchkurse und Schnorchelausflüge von der Marina Botafoch aus. › S. 12

☐ **Kult gestern und heute**
Den Spuren der Hippies folgt man stilgerecht in einer geländegängigen, gut gefederten »Ente« (2CV) quer über die Insel. › S. 12

☐ **Sternenhimmel**
Beim Agroturismo Can Martí kann man streulichtfreie Nächte unter dem funkelnden Himmelszelt genießen. › S. 15

☐ **Augenschmaus**
Ein Bummel durch den Es Mercat in Santa Eulària erfreut die Sinne mit einer Fülle an Obst, Fisch, Gemüse und Fleisch – eben mit all dem, was die Ibizenker täglich benötigen. › S. 133

☐ **Kulturinsel**
Die luftige und lichte Architektur der Casa Broner in Eivissa steht für eine Kombination von Moderne und Tradition auf Ibiza. › S. 62

☐ **Karibikfeeling**
Ein Bad im smaragdgrünen Wasser der sichelförmigen Cala d'en Serra gehört zum idealen Strandurlaub auf Ibiza. › S. 128

Mitbringsel für Daheim

Hierbas: Der inseltypische goldgelbe Kräuterlikör schmeckt nach Ibiza › S. 14

Ibiza-Fashion: Ein kragenlose weiße Bluse lässt die Sonne auch daheim aufgehen › S. 16

Meine Entdeckungen

....
....
....
....
....
....
....
....
....
....
....
....
....
....
....
....
....
....

Clevere Kombination mit POLYGLOTT **Stickern**
Einfach Ihre eigenen Entdeckungen mit Stickern von 1–16 in der Karte markieren und hier eintragen. Teilen Sie Ihre Entdeckungen auf facebook.com/polyglott1.